中央高校基本科研业务费专项资金资助（2019FR007）

PHILOSOPHY

人民日报学术文库

环境行政治理法治化研究

李红枫 | 著

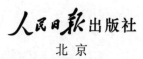

人民日报出版社

北 京

图书在版编目（CIP）数据

环境行政治理法治化研究／李红枫著．—北京：
人民日报出版社，2022.2
ISBN 978 - 7 - 5115 - 7270 - 7

Ⅰ．①环… Ⅱ．①李… Ⅲ．①环境管理—行政执法—
研究—中国 Ⅳ．①D922. 680. 4

中国版本图书馆 CIP 数据核字（2022）第 022057 号

书　　名：环境行政治理法治化研究
　　　　　HUANJING XINGZHENG ZHILI FAZHIHUA YANJIU
作　　者：李红枫

出 版 人：刘华新
责任编辑：马苏娜

出版发行：*人民日报*出版社
社　　址：北京金台西路 2 号
邮政编码：100733
发行热线：（010）65369509　65369527　65369846　65369512
邮购热线：（010）65369530　65363527
编辑热线：（010）65369522
网　　址：www. peopledailypress. com
经　　销：新华书店
印　　刷：三河市华东印刷有限公司
法律顾问：北京科宇律师事务所　　（010）83622312

开　　本：710mm × 1000mm　1/16
字　　数：180 千字
印　　张：13. 5
版次印次：2022 年 3 月第 1 版　　2022 年 3 月第 1 次印刷

书　　号：ISBN 978 - 7 - 5115 - 7270 - 7
定　　价：95. 00 元

目　录
CONTENTS

第一章

环境治理的基础理论

一、我国环境治理的历史演进

自中华人民共和国成立以来，我国社会经济、文化、科学、技术等各方面都取得了长足的发展，与此同时，如何看待、处理生态环境问题也经历了一个变化的过程，生态保护逐渐成为国家发展规划中的重要组成部分。当然，这一共识的达成并不是一朝一夕的事情，而是经历了一个漫长而曲折的过程。环境污染及生态破坏在中华人民共和国成立之初表现并不明显，处于隐性潜伏的状态，因此，全社会对环境问题及其危害的认识都不够全面和准确。随着工业化发展，环境问题逐渐显露，危害越发严重，甚至开始呈现显性激化状态，国家开始正视环境问题，意识到环境保护的紧迫性和重要性。随着一系列环保政策的出台和环保措施的采取，以及社会公众的环保意识日趋增强，环境问题导致的各种矛盾、危机逐渐趋于缓和，但政府并没有放松警惕，而是不断完善监督管理制度，采取科学、有效的环保措施。在此过程中，我国的环境治理经历了从相对放任到控制、管理，再到合作治理的模式变迁，环境治理政策从艰难起步到层层推进，再到不断完善，走出了一条具有中国特色的社会主义生态文明建设道路。

（一）中华人民共和国成立后至 2002 年：功利型环境保护阶段

中华人民共和国成立后，面对相对落后的经济发展状况，国家首要任务是大力发展社会生产力，提高人民群众的生活水平，国家经济发展战略以抓生产促发展为第一要务。然而，中华人民共和国成立初期的国民经济还处于恢复期，加之工业建设起步较晚、资源配置也不够合理，全国很多地方生态环境均遭到了不同程度的破坏，甚至出现了毁林开荒、围湖造田等忽略生态环境保护问题的现象。同时，"社会主义国家不存在环境污染，工业污染是资本主义社会的产物"这种观念在当时还处于支配地位。因此，这一阶段，全社会的环境风险和生态保护意识尚未形成，环境保护和监督也没有正式提上行政管理日程。随着时间的推进，越来越多的地区开始出现环境问题，上述观念开始逐渐发生转变，对生态环境进行保护的意识也在逐渐萌生，中央和地方各级政府逐渐开始制定颁布了各种生态环境保护的相关规范政策。

20世纪70年代初，作为北京主要水源供应地之一的官厅水库爆发重大污染，引发了一系列严重后果。党中央对此高度重视，紧急组织开展了对官厅水库污染的治理。自此，我国开启了水污染治理的新征程，对工业污染的关注度与重视度也上升到新的高度。至此，我国的生态环境问题从隐性潜伏开始逐渐显露。1972年6月，联合国召开首届人类环境会议，世界范围内有1300多名代表参与，中国代表团参加了此次会议。会议制定并发布了《人类环境宣言》，中国代表团对此深有感触。1973年8月，我国召开了第一次全国环境保护会议，会议讨论并颁布了《关于保护和改善环境的若干规定（试行草案）》，这是我国第一部环境保护综合性法规，具有重大的标志性意义。1974年10月，我国正式成立了国务院环境保护领导小组，作为我国在环境保护领域的第一个专职部门，其主要职责涵盖了环保领域的各方面。除了负责起草、制定环境保护相关的法律法规、政策、规划，还要负责指导全国各地区、各部门开展环境保护工作，并对其工作进行协调和监督。1978年，全国人民代表大会通过了经重新修改制定的《中华人民共和国宪法》（以下简称《宪法》），环境保护被首次纳入其中。20世纪80年代，我国开始重点治理工业污染。20世纪90年代，我国开始实施"33211"工程①，在全国范围内开展了环境污染问题严重的重点地区的环境治理工作。在此期间，我国也制定了一系列与环境保护相关的法律法规，1979 年审议通过了《中华人民共和国环境保护法（试行）》，该法对环境保护进行了整体规划，首次系统地规定了我国环境保护的方针、任务、工作对象及范围，确立了"谁污染谁治理""三同时"② 等原则，规定了限期治理、排污收费、环境影响评价等制度内容。其后，我国又陆续颁布了针对不同污染领域环境治理保护的相关法律法规③。1984 年 5 月，国务院环境保护委员会成立，其主要工作内容是：确立环保工作的整体规划、研究、审查、制定环境保护相关的方针、政策，提出环保工作的具体要求，指导全国各地开展环境保护工作，并对其工作进行协调和监督。1992 年后，社会主义市场经济体制正式确立，国家开始运用市场机制与手段，引导企业在生产中注意环境保护、减少污染④，例如，确立排污许可证制度、推行排污权交易等经济政策。自此，我国生态环境的保护方式进入行政管理阶段。

在这一时期，我国的政府管理体制以管制型为主，中央政府作为国家权力机关的执行机关，奉行自上而下的管理逻辑，地方政府、社会团体、公民等其他主体都作为执行者和参与者，对中央政府发布的命令、制定和

---

① 1996 年 7 月，国务院审议通过《国家环境保护"九五"计划和 2010 年远景目标》，提出重点抓好"三河"（淮河、辽河、海河）、"三湖"（太湖、滇池、巢湖）、"两控区"（二氧化硫控制区和酸雨控制区）以及北京市和渤海污染防治工作，简称"33211"工程。

② 这一原则要求一切企业、事业单位在进行新建、改建和扩建工程时，防治污染和其他公害的设施必须与主体工程同时设计、同时施工、同时投产，简称"三同时"原则。

③ 具体包括《中华人民共和国水土保持法》《中华人民共和国水污染防治法》《中华人民共和国大气污染防治法》《中华人民共和国环境噪声防治法》《中华人民共和国海洋环境保护法》等。

④ 蒋金荷、马露露：《我国环境治理 70 年回顾和展望：生态文明的视角》，《重庆理工大学学报》（社会科学）2019 年第 12 期，第 27 - 36 页。

监督执行的国家政策负责听令执行。中央政府对环境问题的认知与态度决定了环境保护的模式，也关系到环境保护是否能取得成效。在这一阶段，我国的主要工作重心仍然放在发展经济上，在这种发展环境下，环境法律制度整体变化呈现出强制性弱、标准低、辐射面小等特点，这些法律制度往往缺乏配套的强制性措施和有效的监督手段来确保其实施，地方政府和各个职能部门的执行力度明显不足。所以尽管中央政府已经意识到环境问题的严重性，并开始着手进行环境治理，但这些政策和措施在实质层面往往难以得到真正的落实与执行。因此，这一阶段的环境保护模式，呈现出比较明显的功利性，环境治理措施难以得到落实，环境治理效果并不理想。

（二）2002 年至 2013 年：单一型环境管理阶段

经过前一阶段的努力，我国经济迎来了高速发展，工业现代化、城镇化进程突飞猛进。然而，经济发展的迅猛态势也造成了环境问题上的相对放松，其中，地方行政管理更是表现出了忽视和怠慢环境问题的倾向，导致环境污染事件没有得到有效预防和妥善处理，生态环境问题开始凸显并有显性激化趋势，人们逐渐认识到，环境危机的影响关系国计民生，不仅是社会未来发展的桎梏，甚至会触及当下的生存条件。2002 年，党的十六大报告指出，生态环境、自然资源和经济社会发展的矛盾日益突出，必须把可持续发展放在十分突出的地位，坚持保护环境和保护资源的基本国策。中央政府的治理模式开始发生转变。相比于之前的功利型环境保护模式，此阶段的管制型治理模式已经在诸多方面有所改善，在指导思想、指导原则和价值观等方面取得了一定程度上的进步，但传统的环境治理模式下的管控逻辑还是没有完全改变，这也正是这一发展阶段中环境保护工作的效果依然不尽如人意的最大症结所在。

在此阶段，管理体制仍然局限于构建各级政府内部的管理体系，尽管环境保护相关法律法规数量不断增长，涉及的领域也不断扩大，整个法律体系已经初具雏形，但地方政府对环境保护的政策并没有很好地全面贯彻，致使环境治理的成效不佳。国家战略层面上，在市场经济发展的同时已经开始注重环境利益的实现，但GDP政绩考核体系的指标，使得某些地方政府仍然盲目奉行以经济发展为首的发展战略和指导思想，盲目追求经济发展。同样，政府干预调节在处理环境污染问题时也存在两大问题，即"中位选民偏好"与"现代政府体系自身缺陷"。"中位选民偏好"是指政府在环境污染治理问题中一般只能满足大多数人的要求，而无法满足不同需求的所有人，这种偏好导致了一部分人所遭受的环境污染损害为了服务于绝大多数人的幸福而被忽略，比如，重污染企业被迁往环境条件本身就较差的偏远地区，导致当地环境污染问题更加严重的情况；"现代政府体系自身缺陷"则是指现代政府作为社会事务的管理者，其良好运作是一种理想状态，事实上现代政府体系内存在着官僚主义、形式主义、贪污腐败等许多负面现象，导致了处置环境污染问题的低效，再者，即使存在没有上述负面情况的优良政府，其现代政府体系本身也可能存在反应速度慢、决策时间长、缺乏人文关怀、部门间配合差等问题，而环境污染问题的处理机制恰恰有灵活应对、快速反应等需求。

（三）2014年至今：合作型环境治理阶段

党的十八届三中全会提出将"推进国家治理体系和治理能力现代化"作为全面深化改革的总目标之一。党的十九大报告明确提出，我们要建设的现代化是人与自然和谐共生的现代化。2014年4月，全国人大常委会表决通过了《中华人民共和国环境保护法（修订草案）》（以下简称"新《环境保护法》"），新《环境保护法》以党的指导思想为基础，融入了现代化国家的治理逻辑，明确了环境保护不能过分强调和依赖政府权威，开启了我国环境治理的新阶段。

从概念上讲，"治理"是与"管理"相对应的，在主体上，管理是由掌握绝对权威的政府单向经营，治理则是强调充分发挥其他主体的优势，尤其是市场与社会的调节功能①；在方式上，管理主要采用上级"发号施令"和下级"执行任务"的方式进行，治理则在此基础上加入了平等协商的机制；在结构上，管理通常采用自上而下的结构，而治理则是强调了各主体发挥其优势、"政府—市场—社会"之间形成有效的互动和相辅作用制衡的一种网状治理结构。从内涵本质来看，政府作为唯一主导力量的行政管理体制的合理性基础被彻底打破，政府把部分公共物品供给的空间转向市场和社会，将一部分繁杂的事务转交给市场与社会，其自身也能拥有更多的时间与精力，更好地进行全局性的统筹协调；公民更多地从政府行政行为的相对方转为社会治理的参与方，社会治理责任也不再只由政府单方承担，而是转向政府、市场、社会三方共同承担。

首先，在政府管理层面，实现了政府角色的转变。在之前的单一型环境管理模式中，政府往往以发号施令的方式和控制的强制手段，对相对人进行管理、控制。而新《环境保护法》使政府的角色定位发生了改变，政府不再仅仅发号施令，而是以引导者、监督者、被监督者、服务者等多重身份参与到环境治理中。②

其次，在市场层面，实现了环境保护经济手段的法治化。市场在环境治理中一直发挥着重要的作用，尤其是排污权交易制度等市场化手段的运用，可以有效地促进环境保护和污染防治，同时，还能促使企业主动采取防污手段，增强自己的市场竞争力，有利于企业的长远发展。这些治理措施也逐渐通过法律规范固定了下来：2018 年新的税收政策出台③，不再征收排污费，而是改为征收环保税，有利于激励企业自觉执行节能减排标准

---

① 唐皇凤：《中国国家治理体系现代化的路径选择》，《福建论坛》（人文社会科学版）2014 年第 2 期，第 20 - 26 页。

② 王曦：《新〈环境保护法〉的制度创新：规范和制约有关环境的政府行为》，《环境保护》2014 年第 10 期，第 40 - 43 页。

③ 具体指 2018 年 1 月 1 日起施行的《中华人民共和国环境保护税法》及《中华人民共和国环境保护税法实施条例》。

的政策。2014 年国务院办公厅通过国办发〔2014〕38 号规范性文件，推行排污权交易制度，各个地方政府及相关部门也先后积极推进排污权交易制度法制化，出台各项政策对排污权交易的程序予以规范。① 新《环境保护法》的实施，以及其他与环境保护相关的法律文件的颁布，明确地肯定了有关环境保护的经济运营方式和手段。这表明利用经济手段进行环境保护和污染防治，在我国已经实现了法治化的第一步，对于加速调动和激发我国的环境资源市场具有十分重要的意义。

最后，在社会层面，完善了公众利益表达机制。公众利益表达机制中最具代表性的是民事公益诉讼制度，民事公益诉讼制度在立法中正式出现是 2017 年修正的《民事诉讼法》，第五十五条特别针对两种侵犯公共利益的行为规定可以提起民事公益诉讼，其中之一就是破坏生态环境和资源保护。环保组织和检察院作为公众利益的代表对侵犯公共利益的生态环境破坏行为可以提起民事公益诉讼，这是司法诉讼对执法权在完善生态环境保护机制方面的补充。此外，公众利益表达机制的重要角色之一便是环保组织。环保组织的出现，为公众获取环保资讯与环保知识、组织专业力量参与环境治理、对政府和市场进行监督提供了强力支持。此外，新《环境保护法》第五章"信息公开和公众参与"是新法修订的新增内容，该章的设立是环境保护领域的重大突破，在法律层面上可有效保障公民的知情权与参与权。2015 年《环境保护公众参与办法》的实施以及 2019 年《环境影响评价公众参与办法》的实施，在部门规章层面上细化了环境信息公开制度和公众参与制度。让与公众切身相关的环境利益得到充分的表达，进一步保障了社会公众参与环境治理的权利。

《环境保护法》的修订与颁布以及环境治理相关的法律法规的实施，意味着之前的政府、市场、社会三方主体角色定位开始发生改变。从政府

---

① 如《沈阳市排污权有偿使用和交易管理办法》（沈阳市人民政府令第 66 号）、《佛山市排污权交易规则与流程》（佛环〔2020〕60 号）等。

的角度，地方政府会改变之前一味追求经济发展速度的常态，转为经济发展与环境利益同时兼顾，从而自觉贯彻落实中央的环境保护政策；从市场的角度，确立了有关环境保护的经济手段，通过经济利益的引导，可以有效地促进环境保护和污染防治，使市场在环境治理中体现其应有作用；从社会的角度，公众参与制度的完善，丰富了社会群体参与环境治理的途径，同时，公益诉讼制度给作为群众力量组织体的环保组织确立了法律地位，使其能够有效行使司法起诉权，对政府的行政权形成补充与监督。

在政府、市场、社会三方主体格局改变的背景下，新型的治理模式应运而生。相比于之前功利型环境保护模式、单一型环境管理模式，新模式下的政府、市场和社会之间的关系更加紧密，彼此之间相辅相成，合作共治。在政府和社会之间，政府通过颁布行政立法等方式引导公民树立环保意识，督促公民自觉遵守环保行为；而环境公益诉讼、信息公开等法律制度的健全和完善，使得公民对环境治理有了自己的话语权，同时，环保组织提起公益性诉讼也有了更完善的法律支撑，从而实现对政府权力的监督和制约。在政府和市场之间，一方面打破了部分地方政府与污染企业之间的利益勾结与捆绑，淡化了一些地方政府唯 GDP 论的思维方式，减少了改革阻力，加强了政府对地方生产企业的环境破坏行为的监督；另一方面，环境治理中各种市场经济手段的运用，也使得政府和企业之间开始通力合作，企业主动行动，政府提供政策支持，实现环境共治。在社会和市场之间，增强了公民与企业的制衡关系。原环境保护部制定发布的部门规章《企业事业单位环境信息公开办法》于 2015 年实施，其中增设了强制要求重点污染企业进行信息公开，并对公开内容、公开方式进行了详细的规定，此外还明确赋予了公民检举控告权等，进一步完善了公民对企业的监督并提供法律保障。在政府内部，中央和地方政府不再是之前上传下达、上令下从的单一关系，转变为相互制约通力协作，不同部门之间的合作机会增多，互相监督、制约的关系也进一步加强。在市场内部，单纯追求经济效益已成为过去式，在现有统筹环境与经济发展的大背景下，企业要想提升自己的市场竞争力，寻求长期发展，就必须重视污染治理能力、提升污染治理水平。在社会内部，公民有了更多的机会与途径表达自己在环境治理方面的诉求与意见，社会组织的法律地位得以确立，既能集中表达公民的利益，也受公民的监督。综合以上论述与分析，《环境保护法》修订后，新的环境治理模式开始逐渐成形，其体现了多主体的现代化治理特征，开启了合作型环境治理的新阶段。

二、环境治理法治化的基本要求

（一）参与环境治理主体的法治化

20 世纪 80 年代末，治理的概念开始被熟知。治理的理论也被各国借鉴，并应用到其政治及行政改革中。何谓"治理"？俞可平认为，治理是指在某一特定范围内运用权威维持和保障秩序，从而实现大众需求，最大限度地保护公共利益，其主要表现为指导、规范和控制公民的行为。李凤华对治理的概念从以下四方面进行阐释："第一，治理并非只能依靠政府，是否要用国家的强制力来达到治理目的也未可知；第二，注重国家与其他主体的合作，加强国家对社会的依赖；第三，在治理的方式上，强调被管理者同样要积极参与到治理活动中，形成上下互动的管理模式；第四，治理也显示了管理方式多元化与管理手段多样化。"分析治理的主体、运行过程的特点，可以定义如下："治理是一个过程，是持续性的一种互动，并不是制度、规则或规范，也不是举行的某一种活动；治理除涉及公共部门外，私人部门也不可或缺；治理讲究协调。"①

环境治理法治化最为突出的因素也是其最大的优势，即多元主体一起参与，而不是只有政府这一个主体，具体而言，多元主体包括政府、市场

---

① 全球治理委员会：《我们的全球伙伴关系》，牛津大学出版社 1995 年版，第 2－3 页。

和社会。政府包括中央政府和地方政府，涉及的中央政府部门包括国务院、国家生态环境部、自然资源部和其他有关部门，涉及的地方政府部门包括各级人民政府及其下的环境主管部门和其他有关部门，主要承担倡导、协调、监管和服务等职能。

市场主体包括一般型、污染型和治理型的企事业单位以及其他生产经营者，市场主体的职能主要是参与、守法、自制、创新及协助。企业是市场的一员，具有特殊性。一般来说，环境污染大多由企业产生，同时市场中的企业也通过承包政府污水处理、垃圾处理等需要特许经营的方式来进行公私合作改善环境，治理污染。企业也可以分为以下两类：排污企业和具有提供环境服务资质的企业。前者可通过积极引进先进的技术、优化自身管理、调整产业结构、制定环境排污高标准等行为保护环境；后者主要通过优化污染物处理能力、与政府通力合作、完善现代工业及生活产生的环境污染物处理程序、更新处理设备等方式，实现社会环境服务与企业盈利兼得。

社会主体主要包括社会大众、非政府组织、学校、科研机构和媒体等，社会主体的职能主要有加强自身建设、完善舆论监督、大力进行宣传教育、提出对策建议、公益诉讼等。社会民众范围较广，在合作治理中扮演着重要的角色。公众因自身的特性在生活中比较容易发现与自身切身利益相关的案源，这可以令其参与到合作治理中，对社会环境问题进行更加全面、实时的监督。此外，科研机构的专家掌握丰富的环境专业知识，也可参与环境行政决策、咨询等，环保组织和专家有利于实现合作治理的专业性和有序性。社会组织产生于社会大众，所以各种各样的社会组织能够代表各界的多种声音，代表性更为广泛，让社会组织也成为社会治理的一类主体，与政府组织进行环境治理，显示了公平和正义。① 社会组织作为

---

① 李璐：《推进社会组织协同治理的障碍与对策》，《中国国情国力》2016 年第 11 期，第 34－37 页。

公民的集合体，参与环境污染治理可以实现立法者关于公众参与的预期，且相较于公民个体，社会组织拥有丰富的社会资源，产生的社会影响力也更大，所达到的治理环境污染的效果更加显著。因此，社会组织协同有关部门参与治理有利于表达社会大众对环境污染治理的建议和呼声，有利于调动群众积极性，吸引公众参与。社会组织从广大社区中来，能够带动群众力量进行社区管理；社会工作者可以善用专业知识提供更为专业的服务。同时社会组织提供的服务还要有个性化特征，以预防甚至解决社区居民的个人、家庭等具体情况伴生的问题，促进人际关系和谐。① 将其运用到环境污染治理中，就能很好地达到多元化治理环境污染的预期状态。

（二）环境治理遵循原则的法治化

法律原则是法律的基本构成要素，贯穿于整个法律体系的创立、实施、执行的各个阶段，能够直接反映法的本质，是法治建设的基本准则。法律原则是一项基本共识，是法律体系的重要组成部分，对于法律规则的设计和运行具有指导作用，可以弥补制度上的漏洞并且决定制度的一般发展方向。"人们不仅要服从规则，还要服从原则。"②

党的十八大明确把生态文明建设引入中国特色社会主义事业"五位一体"的总体布局，对应了加大生态环境保护力度的社会需求。法治是现代社会进步和发展的基本保障，生态文明建设的成果在很大程度上要决定于法治建设情况。在"五位一体"总体布局中，生态文明处于重要地位，法治建设的整体思路也需要相对应地调整，以法治支持环境治理，进一步形成环境治理的法治化体系。环境治理的法治化体系不仅涵盖法律原则本身，也包括法律的运行过程，法律原则要从整体上反映社会共同追求的环境利益。

---

① 叶南客、陈金城：《我国"三社联动"的模式选择与策略研究》，《南京社会科学》2010 年第 12 期，第 75–80，87 页。

② 高鸿钧：《德沃金法律理论评析》，《清华法学》2015 年第 2 期，第 96–138 页。

党的十九届四中全会通过的《中共中央关于坚持和完善中国特色社会主义制度、推进国家治理体系和治理能力现代化若干重大问题的决定》提出了"坚持和完善生态文明制度体系",给环境治理的法治化建设指明了方向。从制度内容看,环境治理的法治化主要还是依赖环境法律制度的不断完善,在学术界,对此业已达成一定共识,例如,环境公平原则、公众参与原则、风险预防原则等。环境治理遵循原则的法治化是环境治理的必然要求,是关乎环境治理能否取得成效的关键环节。

1. 环境公平原则

公平是法治社会追求的基本价值目标,对环境治理而言,"公平"具体是指与环境资源分配相关的公平。习近平总书记指出:"良好生态环境是最公平的公共产品,是最普惠的民生福祉"①,"把环境污染治理好、把生态环境建设好,为人民创造良好生产生活环境"②,就是在环境治理过程中坚持环境公平原则的反映。

环境公平原则中的公平包含了多方面,一般情况下可以理解为人与自然公平、代内公平和代际公平三方面。③ 要同时达到这三方面的公平,必须落实生态环境保护。第一,人与自然公平,意味着保护生态环境必须做到人与自然和谐相处,"和谐"意味着人与自然处于相对平衡的状态,在此状态下,保证自然资源既足以供给人类的发展需求,又不会因人类过度的索取而导致生态系统破坏,竭泽而渔。第二,代内公平主要是指人与人之间环境利益的公平享有。生态环境和自然资源是每个人赖以生存和发展的基础,保护生态环境,让每个人都享受生活在良好的生态环境之中的权

---

① 习近平:《在海南考察工作结束时的讲话(2013 年 4 月 10 日)》,《习近平关于社会主义生态文明建设论述摘编》,中央文献出版社 2017 年版,第 4 页。

② 习近平:《在十八届中央政治局第六次集体学习时的讲话(2013 年 5 月 24 日)》,《习近平关于社会主义生态文明建设论述摘编》,中央文献出版社 2017 年版,第 7 页。

③ 蒋炜、刘长兴:《公平的三维图景——可持续发展视野下的公平内涵分析》,《惠州学院学报》(社会科学版)2008 年第 5 期。

利，才能体现对环境公平。第三，代际公平是指这一代人和后几代人之间环境利益的公平享有。环境破坏本质上是这一代人以牺牲后辈的环境利益为代价，过分攫取生存要素。要从本质上改变生态环境恶化越来越严重的趋势，保持良好的生态环境，才是对子孙后代负责任的做法，才能实现环境代际公平。

公平是一个相对主观的概念，内含着不同人的价值判断，每个人对公平的理解均存在差异，要衡量整体的公平，则需考虑各方面，并给每个需考虑的因素确立一个量化的标准。对环境公平而言，人民满意度则是衡量其公平与否的有效标准。习近平总书记指出，"扭转环境恶化、提高环境质量是广大人民群众的热切期盼"①，只有让广大人民满意，环境治理才有公平可言。满意度涉及社会诸多方面，因为环境公平既要体现地区之间公平，还要体现城乡之间公平，但是地区之间、城乡之间又不可能做到完全等同，因为自然环境本身基础不同以及工业布局的差异会导致不同地区之间存在一定的差异，但在环境治理时都要尽可能平等地对待，照顾到人民对环境利益的现阶段需求。要保护好乡村环境，"给农民一个干净整洁的生活环境"②。更要保护好城市等人口密集区的环境，"城市工作要把创造优良人居环境作为中心目标"③。

环境公平原则的实现意味着环境治理要从不同的角度与层次来采取措施。想要实现环境公平，必须从制度设计入手，同时考虑防范与救济两方面。从防范的角度，要在制度设计时就将环境公平纳入考虑，以此来保障公民的环境利益，尽管历史污染已然形成，但是在工业体系建设完善的过

---

① 《关于〈中共中央关于制定国民经济和社会发展第十三个五年规划的建议〉的说明（2015年10月26日）》，《习近平关于社会主义生态文明建设论述摘编》，中央文献出版社2017年版，第9页。
② 习近平：《在农村改革座谈会上的讲话（2016年4月25日）》，《习近平关于社会主义生态文明建设论述摘编》，中央文献出版社2017年版，第89页。
③ 习近平：《在中央城市工作会议上的讲话（2015年12月20日）》，《习近平关于社会主义生态文明建设论述摘编》，中央文献出版社2017年版，第89页。

程中更要防范现有措施对环境造成的长期隐性破坏。对于已然被污染、破坏的土地资源、水资源、大气等环境要素和由其组成的生态系统，则需尽量维护并修复，以自然恢复为主，与人工修复相结合，使其恢复到环境基线以内，还人民群众以绿水青山。因此，完善环境损害救济制度也是实现环境公平的必然要求。习近平总书记曾指出，生态环境破坏和污染"对人民群众健康的影响已经成为一个突出的民生问题，必须下大力气解决好"①。只有从制度出发，解决环境损害救济途径不足和救济混乱的问题，才能真正有效地减轻或消除历史遗留下的环境不公问题。随着《中华人民共和国民法典》的出台，环境损害救济制度得以完善，同时，生态环境损害赔偿也有了更为具体可操作的标准。此外，该制度与其他相关配套措施也应进一步在制度上得以确认，例如，政府补偿责任制度等。

2. 绿色发展原则

2005 年 8 月，时任浙江省委书记习近平同志在浙江湖州安吉考察时指出，"绿水青山就是金山银山"。这句耳熟能详的宣言，总结在环境治理原则中，就是绿色发展原则。经济发展不能以牺牲环境为代价，但绿色发展原则并不是要经济发展给环境保护让步，也不是为了保护环境而放弃追求经济发展，而是要求二者共同进行。绿色发展原则要求我们必须在价值目标层面把握绿色发展的基本方向。落实绿色发展原则，在制度层面，首先要建立环境治理的制度体系，习近平总书记指出，"坚持绿色发展就是要坚持节约资源和保护环境的基本国策、坚持可持续发展"②。环境问题的一个重要表现是环境资源不能满足人类高速发展需求，要缓解并最终解决这一矛盾，就必须平衡二者的关系。这种平衡不能仅仅停留在立法层面，更要深入社会生活的各方面。政府要从制度上确立公民在环境治理与保护中

---

① 习近平：《在青海考察工作结束时的讲话（节选）（2016 年 8 月 24 日）》，《习近平关于社会主义生态文明建设论述摘编》，中央文献出版社 2017 年版，第 14 页。

② 习近平：《深化合作伙伴关系，共建亚洲美好家园（2015 年 11 月 7 日）》，《习近平关于社会主义生态文明建设论述摘编》，中央文献出版社 2017 年版，第 22 页。

的相关义务，引导公民自觉落实，同时也需要在日常行政工作中加强宣传教育，做好奖惩工作，使公民形成绿色的生活习惯。

要在环境治理中遵循绿色发展原则，就必须确保经济发展规模与速度要建立在环境资源可以承载的基础上，并通过资源的高效利用以及分类回收再利用，减少资源浪费，减轻环境负担，提升环境资源的承载能力。政府与企业均要提升自己的创新能力，于政府而言，要积极创立并完善基于绿色发展原则的制度，例如，自然资源有偿使用、排污权交易等，鼓励、支持、引导绿色产业的发展，通过调动市场积极性，让环境资源在市场配置过程中得到高效利用。此外，还要不断完善经济发展评价体系，改变以往以经济发展成果和企业经济效益为主的单一评价标准，要同时将生态环境保护要求纳入评价范围，对相应的企业行为做出评价与奖惩。同时，可以采取政府补贴、税收优惠、政府采购等措施，柔性干预企业经营。此外，传统的执法手段要提高效率和准确率，保障执法的公平性和合理性，以起到兜底监督的作用，让企业对法律红线有所忌惮。于企业而言，要将绿色生产能力纳入提升自身市场竞争力的发展方向，在节能减排等方面进行技术创新、产业革新，企业要充分认识到环境保护是自身长远发展的基础，从而自愿采取环保行为，在发展自身的同时注重环境保护，才能不被市场淘汰。

3. 风险预防原则

习近平总书记曾经指出，生态环境安全是"国家安全的重要组成部分，是经济社会持续健康发展的重要保障"①。环境问题一个最基本的特征就是风险性，因此，风险预防原则是环境治理中必须遵循的原则之一。同时，安全是法律追求的基本价值之一，要实现环境治理的法治化，在制度层面理应将环境安全作为其核心内容之一，并通过确立风险防范原则来

---

① 习近平：《坚决打好污染防治攻坚战（2018 年 5 月 18 日）》，外文出版社 2020 年版，第 370 页。

实现。

　　风险作为不利后果存在的可能性，对其认知和防控古而有之。但"风险"概念的出现则是现代工业发展以后。在早期的传统社会，风险主要表现为天灾，如洪涝灾害、地震、海啸等，是人类难以避免的外部因素造成的；而在现代工业社会，风险则更多地表现为"人祸"，例如，矿井事故等，是由于人类自身的活动产生的。工业社会早期的风险被认为是可以承受的，如交通事故、矿难等，通过概率计算和对损害结果的预测、分析，将大概率的风险用保险等方式分摊给社会。但是工业社会后期的风险表现为从科学技术上难以认识其损害的程度和范围，也难以预测其发生的概率，这就是风险的不确定性。① 此外，风险还有复合程度高的特点，很难辨别法律上的确切的因果关系或者谁的责任该更大。生态环境领域的风险，是指生态系统及其组成部分的结构和功能所承受的损害风险。

　　综合 1992 年《里约热内卢环境与发展宣言》（亦称《里约宣言》）和《联合国气候变化框架公约》的表述，风险预防原则是指，一个国家应该根据自己的能力采取预防措施防止环境恶化，在面临严重或不可逆转损害的威胁时，不得以缺乏科学研究和充分依据为理由延迟采取措施。风险预防原则主要在以下条件下适用：存在对生态环境具有严重的或不可逆转损害的威胁，即环境风险，即使这种风险可能在当下条件下不具备科学研究可证明的确定性。国际公约在生态环境领域达成了对不确定的风险预防的共识。我国现行的法律只有《中华人民共和国土壤污染防治法》（以下简称《土壤污染防治法》）等少数保护环境要素的法律规定了风险预防的原则，以及对土地等要素的污染风险评估、管控、修复。

　　从学理上来说，风险预防原则的内涵目前存在一定的分歧，分歧的焦点在于风险预防原则涵摄的预防措施的范围。这方面主要存在强预防原则

---

① 金自宁：《风险行政法研究的前提问题》，《华东政法大学学报》2014 年第 1 期，第 4－12 页。

和弱预防原则两种理论观点。二者之间的主要分歧在于对何种性质的风险需要预防、有何种程度的证据证明可能造成损害并可以进行预防、预防措施应当如何采取，以及举证责任承担四方面。强预防原则在以上四方面倾向于主张风险规制的一方。换言之，由制造风险的一方即生产企业来承担证明责任，关于自己的生产行为没有产生需要防范的风险；同时，该原则对应当实施干预的风险未做出严格限定，即规制主体并不需要严格的法律和技术判断；证据证明程度比较低，意味着规制机关启动规制措施的标准比较低；而且一旦程序启动，则应当采取预防措施。弱预防原则比较倾向于被风险规制的一方，关于生产企业的行为造成环境风险的证明责任要由规制方承担；对应当实施干预措施的风险有严格的限定，规制机关不可以随意启动，只有证明存在重大风险的可能性时才能采取预防措施；采取预防措施所需的证据证明程度比较高；而且启动风险监测后可以而非应当采取预防措施。

我们采取的风险预防原则，应当是偏向于弱预防原则。进行风险预防的范围应当是有重大风险的事项，因为囿于风险的广泛性、不确定性以及执法资源的有限性，风险预防应该集中在有比较严重风险的事项范围内，就证明的程度来说，只要有合理的怀疑就可以采取预防措施，采取的措施应当符合一个国家、地方的经济能力以及成本收益的计算。一般情况下，规制方应当举证说明规制以及规制手段的理由，但是只要被规制方提供的证据对规制方已列举的证据构成重大挑战，就可以说明规制方法的不合理。

历史经验告诉我们，环境风险难以直接、全面、有针对性地预测，这就意味着很难采取直接有效的措施对其进行预防，因此，环境治理中贯彻风险防范原则，必须从最基础的方面做起，逐渐辐射到各个层次、各个领域。其重中之重就是必须正视生态安全价值。只有在制度设计和实施过程中切实把握环境风险防范，才能有效进行环境治理、推进我国的生态文明建设。正如前文所说，风险的最大特征便是其不确定性，这种不确定性可能带来两种结果，一是恐慌，二是忽视。应对恐慌，我们不能束手束脚，因噎废食，有效的风险防范措施可以在一定程度上应对风险，减少对环境的污染和破坏就是有效的措施。而环境问题的出现和恶化就是由于过分忽视风险防范，因此，在环境治理中必须将对风险防范的重视提到应有高度，贯彻风险防范原则，才能实现环境治理目标，维护生态安全。

首先，自然资源是人类得以生存和发展的基础，环境治理中必须强调节约自然资源。自然资源的储量必须保持在一定标准之上，才能保证生态系统的稳定，因此，必须为自然资源开发利用确立一定的制度规范，在实践中要严格依照规定在一定限度内进行生产生活，守住生态红线，遏制和防止水土流失、土地沙漠化、森林锐减等生态破坏现象的出现。其次，应制定合理的、具体的生态环境保护成果衡量标准，以此来衡量生态安全是否达标。同时，地方政府也应建立健全相应的配套机制，如环境保护目标责任制等，以此保证风险防范能在环境治理的全过程得到充分贯彻落实，从而有效保障生态环境安全。此外，对业已形成的污染问题和生态破坏，应积极进行生态修复。政府必须从制度层面出发，通过相关政策和服务支持，鼓励企业及社会采取积极有效的措施，对已经发现的土壤、河流、湖泊和海域污染，以及森林、草原等自然生态系统的破坏，要积极组织调查与修复工作。

以上风险预防的措施必须有行之有效的程序来保障。风险预防的程序应该包含对风险信息的收集，在收集的信息基础上进行风险评估，并最后对风险进行管理，其中风险交流是贯穿以上几个过程的重要程序。

首先，要广泛收集风险信息。广泛的风险信息收集是风险评估的基础，这些信息可以为之后的风险管理的措施提供科学的正当性和说服力，也为各方沟通妥协提供前提和基础。但环境信息纷繁复杂，需要有专业知识的人员提炼识别；信息收集需要专业的设备、技术；收集后要对所得数据进行科学规范的统计、分析，并解释给决策者，这一系列的过程需要耗费巨大的时间及经济成本。而且收集的原始数据一般人很难看懂，只有经过不断的整理、处理与分析，才能得到对实践产生指导意义的结果。这些信息收集的困境都会导致信息不足，甚至信息伪造，如干扰采样致监测数据失真。

在治理理念之下，应认同社会多元主体在信息收集方面的作用。政府、市场、社会，在资源收集、信息处理等方面有着不同优势，因此，将不同主体纳入环境治理过程中，发挥各个主体的优势，更能促进不同主体之间的分工协作。企业作为生产者，很多信息就是在生产过程中产生的，而且为了预防可能的商业风险，企业也会自主收集信息。此外，很多技术人员都任职在营利性组织之中，具有信息生产的专业优势和能力。社会团体出于利他的目的、个人出于利己的目的也有收集信息的动力。政府需要给予资金及其他方面的支持，激励市场主体和社会主体收集信息；强制重点污染企业公开环境信息；建立信息分享平台，便于其他行政机关联合执法；对收集的信息质量严格把关，避免信息造假。① 当然，行政机关也要通过现代科学技术以及自身的资源优势，精准收集环境信息，为各方主体提供基础性的信息服务。

其次，风险信息要充分交流。为了应对风险预防原则下规制理念与现实情况的断裂（进行行政规制的风险可能并不是最核心的风险），应当将这些风险信息在规制的行政机关之间、行政机关与公众之间进行充分交流，确保公众参与。公众应当包含有利害关系的行政相对人、对该风险事项有参与兴趣的个人，以及有相关专业知识的个人。这些个人应具备相关的知识，能够理解政府整理分析的风险信息，并做出相应的判断。

这些交流是为了让各方主体进行深入沟通，了解这些风险信息背后的

---

① 黄泽萱：《风险行政决策正当性的信息基础及其实现》，《暨南学报》（哲学社会科学版）2017 年第 6 期，第 49－57、130－131 页。

利益和价值，在最终的风险管理中提供意见，通过民主程序进行价值排序和选择，使决策者能充分了解核心风险，并对核心风险使用行政规制。

在全面、充分收集风险信息完成之后，开始进行风险评估，即对特定期间内安全、健康、生态、财政等受到损害的可能性及程度做出评估的系统过程。现有研究通常将风险评估分解为四个步骤，即危害识别或有害性确认、剂量反应评估、暴露评估、风险定性。危害识别或有害性确认是指确认所欲规制的物质是否具有危害性。剂量反应评估是指测试一定剂量下的化学物质暴露时对人体可能造成的危害。暴露评估是指计算人们或是环境物质所接触到的有毒物质的强度、频率以及时间。风险定性是整合相关信息，确认所做的推论以及存在的不确定性。风险评估的结果为风险规制提供依据，是风险决策的科学基础。①

在生态环境领域，以上四个步骤实施有诸多困难。首先，随着现代工业的发展，一些为便利现代生活而使用的物品所含物质可能造成环境污染、损害人体健康，而有些症状是多种污染物隐藏累加造成的，短期很难发现。比如，引起人类对环境广泛关注的《寂静的春天》一书，其作者提到的特定种类的农药累积毒物于人体，甚至遗祸子孙后代。其次，剂量反应评估一般是用动物做实验，而特定污染物的动物实验结果与对人体反应的预测并不完全相符，如有实验发现特定化学物质对实验室小白鼠没有太大影响，而一旦人类接触到该物质则会产生很大的疾病反应，这就产生了对剂量认识的困难。最后，暴露评估也需要综合性的整体观测，我国现阶段的分要素的立法和执法方式难以进行综合性的评估。

通常认为，风险评估主要是科学认知的范畴，但现实情况是风险评估中事实与价值相互交织。如要将何种风险纳入评估也是需要价值判断的，因此做出的这些科学认知也有自己的局限性。仅从科学评估的主体来说，

---

① 张宴：《风险评估的适用与合法性问题——以环境标准的制定为中心》，沈岿主编：《风险规制与行政法新发展》，法律出版社2013年版，第141页。

专家也会受困于自己的知识理解的局限，极容易被已有的专业知识蒙蔽双眼。此外，个别专家也有自己的利益诉求，他们并不能完全摆脱这些利益的束缚而给出纯科学角度的解释。对此，程序法上的规制只能是尽量加强对风险评估环节的监管，使其保持一定程度的科学性。为此，有学者主张，首先，这些评估的信息、过程、结果都应该公开，接受监督；其次，为保证评审结果的准确性与可靠性，往往不能只有一名或一组专家进行评审，可以采用双向匿名评审制度，对于同一评审结果，可以由同一领域的不同专家同时展开评审，进而在一定程度上避免个体因自身原因造成的瑕疵与失误。

最后，风险管理过程要遵循正当程序。第一，对自己采取的规制措施，行政机关有义务给出充分的理由说明，且该理由必须由至少与有关意见相称的科学依据作为支撑，如作为规制手段前置条件的环境污染物可容纳量性标准。在前述风险评估的基础上，行政机关需要对采取该标准的成本与收益做出评估，向公众说明为何它采取的标准是保障公共安全的最佳标准，这个标准包含着可能造成的成本损失、可能获得的综合收益等。在这种情况下，该机构可以采用专家委员会的意见或其他证据做其依据，其证明价值至少与有关意见的证明价值相当，而且要说明对公众参与的意见的考量结果，回应公众关切。第二，在风险预防措施实施的全过程中，行政机关应当尽可能确保所有阶段的透明性，让可能的利害关系人得到参与的机会。第三，风险管理措施要周期性进行事后的评估与调整。行政机关对其采取的预防措施也要进行定时复检、时时监督，若发现预防措施有不合原则之处要尽快调整。

4. 公众参与原则

多元主体共同参与是环境治理取得成效的必经之路，社会公众的参与尤为重要。习近平总书记曾经指出："生态文明建设同每个人息息相关，每个人都应该做践行者、推动者。"① 一方面，社会主体都要积极地参与到环境治理中，身体力行地践行环保政策，在生产生活中做到节约资源、保护生态环境；另一方面，涉及环境治理的公共决策，政府应当保障公众参与，这样既能做到集思广益，又可以切实保障公众的参与权、监督权。

公众参与原则要求政府改变之前自上而下的单向管理模式，让社会公众也能参与到环境治理中来。将公众参与原则确立为环境治理的基本原则符合我国建设生态文明社会的要求。首先，公众参与原则要落实，必须提升社会公众自身的法治素养，只有具备了一定的环保知识、环保意识，公众才能自觉地参与到环境治理中。其次，公众参与原则的参与主体虽然是社会公众，但要完全保障其实施，离不开政府的制度支持。建立健全信息公开制度是保障公众参与的基础，同时要保障其程序的正当性与合理性。最后，落实公众参与原则需要每一位公民自觉承担其应尽的环保义务。社会公众参与环境治理如果不能落实到每个公民的具体行动上，最终难免沦为纸上谈兵，因此，政府需要将公民的环保义务在一定范围内转化为强制性责任，并配套相应的激励与奖惩机制，才能切实保证公众参与环境治理。

公众参与原则表面上是强调公众积极参与，但实质上，政府才是保障与维护公众参与制度的核心力量。政府为在环境治理中贯彻公众参与原则保驾护航，这需要从健全制度方向入手。第一，要建立健全信息公开制度。这不仅要求政府政务信息公开，还要求政府督促企业公开生产中的相关环境信息，为社会公众参与环境治理提供充分、准确的信息基础。第二，要完善公众决策参与制度。公众参与决策可以让公众直接参与到环境治理中，可以有效地将公众智慧纳入决策中，在环境治理的全过程中，保障公众参与，可以保证社会公众的意见和建议得到有效表达，使决策机关

---

① 习近平：《推动形成绿色发展方式和生活方式（2017年5月26日）》，《习近平谈治国理政》（第二卷），外文出版社2017年版，第396页。

能够听到公众的声音，这不仅可以增强决策的合法性和正当性，还能使决策更易被公众接受与遵守，提高公民的满意度。第三，政府应当从制度层面合理确认公民的环保义务，明确义务的内容与范围，必要条件下，可以将义务适当扩大、转化为强制性责任，以此来满足环境治理的要求，确保每个公民都能承担其相应的环境治理责任。

（三）构建环境治理体系的法治化

环境治理多元化的体系，强调的是打破政府单一治理的总格局，化解政府强硬干预企业的直接矛盾，激发企业在市场运行过程中履行环境社会责任的积极性。党的十九大提出的"政府为主导、企业为主体、社会组织和公众共同参与"的环境治理体系，指明了生态环境多元共治体系的构建要从多维度出发。

1. 环境治理体系的理论发展

环境治理体系的形成主要经历了三个发展阶段，每个阶段均由占据主导地位的理论指导。20 世纪 50 年代至 70 年代，随着工业化发展，西方国家生态环境遭到严重破坏，环境问题开始演变为社会政治问题，公民环境诉求具有很强的政治色彩，在这个阶段中，由于环境的公共物品的属性及特征，环境消费的"非竞争性""非排他性"特点，市场机制的作用很难得到充分发挥，故此阶段，西方工业化国家多采取政府干预的手段，推行"命令—控制"方式进行环境治理，具体通过立法、执法、司法的法律机制及政策工具进行干预。以法规或禁令明确禁止环境危害行为，对环境污染的制造者进行法律制裁，将环境污染的事前预防与事后矫正、惩治有效结合。20 世纪七八十年代，占据主导地位的为环境市场自由主义理论。环境市场自由主义强调发挥市场自身的作用，利用市场竞争、激励机制，促进企业环境污染成本内部化，以避免企业环境污染行为的发生。以排污权交易为例，政府在满足环境要求前提下，确定污染物的排放总量，在总量范围内，污染物排放权利可以被看作一种商品，具有流通的属性，允许在企业之间进行自由买卖，排污权交易促使企业不断更新现有技术手段，降低企业排污成本，从而获得经济效益，以此来达到减排目的。这种将企业生产过程中产生的污染问题交由企业自身，通过竞争与交易自行解决的方式，实际上是将环保意识引入一个竞争主体共赢的策略中，政府只负责监督与保障，此种方式在一定程度上促进经济发展的同时，对环境的保护也起了积极作用。20世纪80年代以来，环境社会治理理论开始占据主导地位。该理论强调环境治理中的合作，并加入了协商、公众参与机制。政府对环境的治理与调控由传统的直接管理转向间接管理，此种角色的转变，不意味着政府退出公共服务领域及相关责任的转移，而是政府由公共服务的唯一提供者转向更多地从事中介、服务者的工作，减少了政府的多重任务，使其能专注于市场监督和政策制定。与此同时，积极引导公民、企业、社团等主体共同参与到环境治理中来，构建政府与多元主体间的信任关系与合作模式，既能有效发挥政府的权威性、公共性，又能充分调动市场的高效性与公众的参与积极性。环境社会治理理论借助信息披露制度、技术条约、自愿性环境协议、绿色信贷、环境行政指导、环境标志与管理等手段，强调多元主体的沟通、交流与互动，在相互合作、寻求共赢中实现环境治理的良性发展。

与此同时，党的十八大以来，我国环境治理体系不断完善，创设并实施了一系列生态环保制度。为了进一步完善我国环境治理制度体系，中办、国办印发了《关于构建现代环境治理体系的指导意见》，提出建立多方面、全方位覆盖的"七大体系"，即领导责任体系、企业责任体系、全民行动体系、监管体系、市场体系、信用体系、法律法规政策体系，为我国环境治理和生态文明建设提供了方向指引。党的十九届四中全会也提出，"要坚持社会主义协商民主的独特优势，构建程序合理、环节完整的协商民主体系"，要求进一步丰富民主协商制度，将民主协商融入决策制定与执行的各个阶段，让老百姓能真正参与到与自己相关的决策事务中来。我国进入环境合作治理阶段以来，环境治理离不开政府、市场和社会三方主体的参与合作，环境治理的成果更是与每方主体的利益息息相关。建立健全环境治理协商机制，不仅可以发挥我国社会主义协商民主的优势，将理论运用于实际，而且可以利用各方主体的不同优势，通力协作，产生"1+1+1>3"的效果，开启环境治理的新阶段。

2. 环境治理体系在我国的实践现状

我国的环境治理体系在党中央的领导下不断完善发展，但这是一个长期的工程，不能追求毕其功于一役，反思现有体系实施过程中的不足之处有助于我们深化认识，在环境治理体系发展过程中完善进步。笔者认为我国现有的环境治理体系还有以下几方面有待完善。

首先，我国的环境治理体系存在立法不足的情况。随着我国经济持续稳定的发展，国家对环境治理工作关注度越来越高，在环境立法方面的投入也越来越大，环境立法建设取得了突破性的成果，主要体现在立法数量明显增加，法律的内容更加具体，要求更加严格。我国目前虽然已经初步建成较为完备的环境法律体系，且其中实体法比重明显偏高，具体内容涉及环境治理的各个领域，如资源、能源、污染等，但一些法条之间的衔接存在问题，甚至个别法条之间存在矛盾。此外，程序立法建设还不够系统完善，对责任主体和其权利义务规定都不够明确，对于一些环境污染行为，法律法规往往只有原则性规定，缺乏具体的处罚细则，在实际执法过程中，执法机关常常面临困惑，难以操作。

其次，在环境治理中，依然存在重管理而轻引导的现象，对企业和市场的技术创新，相关政策和技术支持不够充足。长期以来，政府在环境治理中确立的权威地位仍然支配着其行为，很多时候没有摆脱其"行政家长"地位的束缚，习惯性地通过发号施令的方式达到管理目的。对于企业，政府往往通过制定强制性的政策，要求企业做到保护环境和减少污染，对企业的环境污染行为进行事后处罚，缺少更多的引导性政策和技术服务支持；对于市场，政府往往只注重监管，要求其不做出不利于环境保护的行为，而忽视了市场在环境治理资源配置方面的积极作用；对于公民，更多要求其参与环境治理，必要的渠道与支持尚待完善。这就导致企业、社会组织、公众等长期处于被动听令的地位，而作为环境治理主体的地位被忽视，难以真正主动积极地参与到环境治理中，发挥其自身的优势。此外，政府现有的激励措施往往具有一定的阶段性而忽视长效激励，没有培育起市场主体的行为自觉，政策红利一旦消失，这些具有良好实施效果的激励措施大多付诸东流。

再次，国家对环境治理的资金投入还未达到理想状态。从国家统计局编写的《中国统计年鉴2019》可以看到，在近10年内，我国在环境污染治理方面的投资总额虽然在不断增加，其在国内生产总值中所占的比例却没有提升，反而呈下降趋势。要明确，出现这种现象，并不意味着我国环境状况已经得到彻底改善，从而降低了在环境治理中的资金投入比例，相反，解决环境问题依然是我国目前的艰巨任务。总的来说，我国环境治理在资金投入方面存在的问题主要有以下几方面。第一，我国对环境治理投入的资金总额占国内生产总值的1.2%～1.5%，相较于发达国家，这个比例明显偏低，仅为其二分之一，且整体趋势逐年下降。依据发达国家已经取得的成绩，一个国家想要在环境治理方面取得一定成效，资金投入需要达到国内生产总值的2%～3%①，显然我国目前与此标准相差甚远。第二，虽然对环境污染治理的投资总额逐年递增，但仍难以满足污染治理的需求。原因有二：一是污染治理技术和手段相对落后，污染治理成本偏高，投入的资金利用率较低；二是不断有新的环境污染问题出现，从根本上解决环境治理问题仍有一定难度。第三，政府在环境治理资金投入方面对市场作用，往往采用单一的财政投入手段，没有广泛地因地制宜采用多种经

---

① 袁华萍：《财政分权下的地方政府环境污染治理研究》，北京首都经济贸易大学2016年博士论文，第30－31页。

济手段进行融资，致使企业及社会组织在此方面处于被动地位，难以发挥其参与环境治理的积极作用。

再其次，市场作为环境多元治理的关键一环，未能完全发挥其在资源配置方面的优势，而企业作为市场的主体，自然缺乏主动承担环境治理责任的动力。可以肯定地说，企业是造成环境污染的主要源头之一，因此在环境治理中，政府往往通过管控，迫使企业减少自身的环境违法行为或改正其违法行为，对损害后果予以清理、修复。然而，在这种关系中，企业极易产生抵触情绪，往往只是迫于政府的权威和处罚的压力而不敢违法排污，并非自愿主动。当然，一些企业仅仅以经济效率为追求，自身也存在环保意识欠缺、责任意识淡薄的问题，对污染处理技术研发和设备生产投入明显不足，即便前期有所投入，后期的运营维护升级也难以跟上。

最后，我国的公众参与制度待完善。生态环境质量的好坏关系到每个公民的切身利益，环境治理的成果最终惠及的也是每一位公民。因此，环境治理不能只依靠政府力量，而需要动员其他主体共同参与其中，其中最有效的途径便是建立健全公众参与制度。随着我国进入环境合作治理阶段，公众参与程度有所提高，在数量与质量上都有明显的进展，但仍存在诸多问题，主要体现在以下几方面。第一，公众主动参与环境治理的意愿不够。长期以来，政府在环境治理中处于绝对的主导地位，而公众处于下游地位，政府施行的这种自上而下的"命令—执行"管理模式，使公众产生了一定的依赖心理，更倾向于被动地听从命令、执行政策，而不是主动参与政策制定施行的全过程。即使有一定的参与，其范围和层次也比较低，深度与广度都达不到预期标准。例如，在听证会制度中，公众往往只停留在"听"这一层面，很少真正提出意见和建议。同时，公众对政府政策存在惯性依赖，甚至认为自己的参与意见无足轻重。第二，政府政务信息公开没有达到要求，公民参与治理的渠道还有待拓宽。在这种情况下，政府发布的命令往往得不到充分有效的反馈，对政策进行的评价与反思往往不到位。同时，政府信息公开若缺乏自主性和有力的监督，公众即使愿意主动参与到环境治理中，也常常会因缺乏准确而充分的信息和通畅的渠道而难以实现，此外，政府公开的信息若是没有整理分类对比，一般公众也很难理解。第三，环保社会组织数量少、形式单一、能力有限，难以成为促进公众参与的支撑力量。目前，环保社会组织获得政府、市场的支持不够，资金来源不充足，自身发展受限，难以发挥其作为社会主体在环境治理中应有的功能。

3. 多元参与的环境治理制度供给

（1）利益表达机制

多元参与的环境治理，首先需要政府建立利益表达机制。环境问题日趋复杂，参与主体的利益存在交叉与冲突，需要引导不同主体表达自身的利益诉求，在多种诉求中协调平衡，确保制定的政策法律可以恰当反映与兼顾不同利益主体的价值理念，夯实执行基础，让政策法律行之有效。利益表达是基础，而诉求表达途径可以采取正式参与或者非正式参与的渠道。政府需要为利益诉求完善畅通的通道，尤其需要完善正式渠道的信息收集机制，建立机构、配备人员，使得人民群众对绿色生活的需求在决策过程中充分考虑。同时，也可以使政府与公众的关系从命令、服从转化为互动、协商、激励，从而体现环境合作治理模式中多元主体共同参与的原则。这就要求政府以立法形式，进一步拓宽公众参与环境治理的渠道，规范参与程序，拓宽参与范围。例如，依法确认公民自愿成立环保组织、监督政府环保相关政务的权利，使其在参与环境治理的全过程中均有法可依。同时，要将公众参与的内容扩展到各个领域、各个方向，在环境执法、环境影响评价、环境补偿等活动中，都要加入公众参与的内容。此外，要确立救济制度，当公众的参与权受到侵害时，使公民有权利也有途径对此寻求救济，以确保公众的实质性参与。当公众参与的权利遭受非法侵害时，相关部门要及时开展调查，严格按照法律法规对侵害行为进行处罚，同时视情况对受到侵害的公众予以补偿；司法也要起到兜底保障作用，在行政机关出现被俘获现象时司法机关要守好法治的最后一道防线，保障公众的参与权。综上，充分的法律保障和执法力度以及司法兜底作用，可以降低公众参与环境治理时受到侵害的风险，有利于真正发挥环境治理中公众参与的优势与作用。

（2）利益博弈与补偿机制

多元参与的环境治理，需要政府正确引导利益博弈机制。环境立法过程是不同利益群体的综合博弈过程，通过法律对权力与权利进行合理确认，博弈的结果形成了部门之间的权责关系，同时也是对环保关键权力的分配，如审批权、处罚权和管理权的归属。因此，政府需要建立公平公正的利益博弈机制，允许不同利益群体都有同样的参与机会和表达机制，真正做到实质公平。利益博弈机制应当贯穿立法的全过程，将人大立法和行政法规均包括进来，多渠道收集反馈信息，多次重复博弈以求法治公正。

政府主导下的利益表达机制和利益博弈机制要以制度的形式予以确认，目前应用较为广泛的是听证会和论证会制度。在国外，公众参与的听证会和专家学者参与的论证会已经成为民主参与的有效形式。在我国的环境立法中，也已经引入公众和专家学者等社会力量论证草案落实的可行性，从而吸收各方意见，保障各方利益平衡，做到科学立法、民主立法，提升环境保护和污染防治相关法律的可操作性与执行性。下一步就是在各种意见中，更加合理地甄别保护公共利益最迫切需要的部分。

利益对环境治理的各方主体参与协作产生重要影响，利益补偿机制在环境治理中尤为重要，而生态补偿机制是进行利益补偿的有效途径。在经济学理论上，生态补偿机制可以让环境治理的参与主体均享受到治理成果带来的经济利益，让污染治理和环境保护的投资得到合理回报，促进环境治理产业的良性发展，进而达到保护生态环境的目的。从协作的角度看待生态补偿，就是通过利益的调整来增强环境治理参与者的行为积极性。环境资源具有位置固定的特征，同时它又直接对外界产生外溢性影响。对一定空间范围内需要治理的环境而言，自身行为对环境产生不良影响的主体可能会产生修复环境的成本，或是因停止、减少利用环境要素而产生损失，而且单方的投入可能会导致搭便车行为的产生，这也会减损修复主体的积极性。基于这样的考虑，参与环境治理的一些主体很可能因为投入过高或损失过大而动摇共同治理的意愿，最终导致协作的失败。因此，利益的补偿和调整实际上是平衡主体间利益关系，实现环境公平，增强促进各方治理积极性的重要手段和方式。同时，公众对良好环境的感受以及幸福感的提升等非经济利益也是这些举措的重要成果。

生态补偿机制的运行，既可以由政府进行主导，也可以由协作主体各方共同商议，敲定补偿方案和标准，可采用的措施和方法也是多样化的。在整体上，生态补偿需要关注以下几点。第一，环境治理通过多主体协作共同完成，生态补偿的范围、对象、标准及方式也必须由多方协作主体共同商定，绝不可由单方制定，以此来确保生态补偿内容的公平性和日后的可实施性。第二，要确立明确的生态补偿主体。生态补偿行为存在两方主体，作为补偿主体的一方是环境治理的受益者，而作为补偿接受主体的一方是生态环境的投资者、贡献者。以协作性流域治理中生态补偿为例，相邻政府因在环境利益享有过程中的角色不同而在治理过程中相互协作，共同签订流域生态补偿协议，以此实现流域内投资方的生态补偿。根据流域补偿主体确定的规则，当流域水质标准高于约定目标时，下游政府是环境治理的受益者，应当作为补偿主体，上游政府是生态环境投资者、贡献者，应作为补偿接受主体；当流域水质标准未到达约定目标时，则二者角色互换。此外，当流域内各地区的企业、个人为环境治理的受益者时，也应作为生态补偿主体。从协作的角度看，相关主体的明确化也表明了其在环境治理中的重要地位，除了经济权益的实现，还需要通过一定途径保证其协商的参与权或监督权。第三，要确立科学合理的生态补偿标准。在确立补偿标准时，要综合考虑各种因素，包括环境治理成本、人力和资金投入、生态功能的价值等，经多方主体协商后达成共识。从现实来看，我国各类生态补偿的标准还不具备统一性，下一步的研究方向是创立一种可以综合考量各种因素的计算方法，并保证其灵活性与适应性。第四，生态补偿的方式应向多样化发展，要在环境合作治理模式的生态补偿机制中尝试除经济补偿外的其他多种方式，资金补偿仅仅是其中一种最基础的补偿方式，最理想的方式是形成治理主体间联动、综合管理、共同保护的格局，因此，资源调配、产业的整体协调发展规划、环境异地治理都可以进行相应的尝试和运用。

（3）信息共享机制

政府要致力于实现环境治理的共享机制。现代社会已然进入信息时代，在任何时候，信息的价值都是非同小可的。在环境污染治理这一领域，信息的重要性更是不言而喻。环保信息包括环境信息、污染通告和治理情况等。在环境污染社会组织协同治理中，信息共享能否及时、高效关系到治理工作能否顺利发起与展开。在环境污染社会组织协同治理的程序构建中，环境污染现象被发现后向协调机构的传达以及协调机构向全体参与协同治理的社会组织的信息通报都离不开完善的信息共享制度建设。鉴于传统媒体的时效性远无法满足环境污染治理的需求，环保信息共享倾向于通过网络发布、即时短信推送等手段加以实现。所发布信息的真实度与时效性会直接影响环境污染治理的效果，因此，环保信息的发布者必须对自己所发布的内容负责。真实性或时效性存在瑕疵导致社会公共资源浪费、环境污染损害发生或加重的，应当承担法律责任。

污染治理资源共通是一种较为理想的制度设计，旨在最大限度地优化资源的合理分配，发挥协同治理的优越性。环境污染治理工作必然需要耗费各个领域、各种类型的社会资源，其中一些掌握在参与协同治理的社会组织成员手中，比较容易为协同治理所用，但很大一部分社会资源是由政府、企业等掌握的。因此，为了更好地完善政府与社会组织协同治理，在一定资源种类范围和主体范围内尝试社会资源（尤其是稀缺资源）的共享确有必要。

在环境信息共享机制建设上，要着重对以下制度的建设。首先，建立环境信息共享平台的共建制度，该项制度的关键在于各治理主体环境信息平台的对接。当前的环境信息平台建设仍有诸多问题亟待解决，如不同的单位、部门往往各自建立环境信息系统，缺乏统一的交流和共建规范，这使各单位各部门的信息系统过分独立，缺少专业部门按照统一规范进行信息整合。要解决这些问题，就要求国家从各个层面同时考量，建构一个统一的数据平台，明确环境信息资源数据开放的范围、具体内容和实施细则，使信息系统建设具有统一的标准，便于治理主体间、社会整体的信息共享。其次，构建环境信息共享制度，进行区域环境信息共建是为了实现区域环境信息共享。共享制度规范环境信息使用过程、环境信息交换监控、环境信息共享发布、查询检索和数据使用的统一程序。还要在不同部门、组织、主体间建立相关环境数据信息的交换渠道，全面实现无缝隙的格局。最后，建立健全信息的评估制度。真实有效的信息才是实现共享的基础，也是形成信任和促成合作的保证。在利益或惩罚的影响下，环境相关主体可能隐瞒信息甚至提供虚假信息，信息的真实性除了通过科学完整程序来保证，也可以探索引入第三方机构进行抽检、评估的机制来保证。

（4）治理效果奖惩制度

好的奖惩制度可以使系统的运行动力更加充足，运行效率与效果都大幅提高。环境污染社会组织协同治理也需配套更优的治理成果奖惩制度。值得注意的是，治理成果奖惩制度需要与基本样式中的外部监管和追责制度区别开来。后者着眼于对社会组织及组织成员的监督管理和对违法、犯罪、失信行为的责任追究，是确保环境污染社会组织协同治理模式正常运行的重要环节；而治理成果奖惩制度更倾向于一种对治理行为和治理成果的评价，其中的惩罚应属于"利益损失型"的惩罚，而非"法律制裁型"的追责。我国《社会组织评估管理办法》规定了社会组织的等级划分、评估程序与方法。其中，第十八条规定了社会组织在参评时的具体责任。[①]该办法还同时规定了不同等级的社会组织可以获得的社会资源差异，这正好契合了治理成果奖惩制度中的惩罚属于"利益损失"的设计思路。若与环境污染社会组织协同治理相配套，该条款的实际适用可将协调机构提供的环境污染协同治理工作备案，纳入参加评估的社会组织提供的必要文件和证明材料范围，使环境污染协同治理效果直接影响社会组织的等级评估。此外，还可以通过媒体刊登消息公布治理成效、政府对具有突出贡献的社会组织或个人予以奖励等方式进行奖惩制度的完善与创新。

（5）软法环境义务制度

环境保护相关的法律法规应规定社会组织的环保义务，然而功利型环境保护阶段和单一型环境管理阶段遗留的问题，导致目前我国环保法律法规体系中大多数的环境义务都是针对政府等国家机关的，这些义务并不适用于社会组织这一主体。社会组织作为并没有专门法关照的社会主体，其法定环境义务仅仅是《中华人民共和国环境保护法》（以下简称《环境保护法》）等环境保护相关法律法规规定的、面向一切社会主体的普遍环境义务，针对性差、义务强度低。

一方面，环境治理事业的成败与人民群众的健康息息相关，社会组织作为最贴近人民群众的主体，应当利用这一优势，在环境治理中承担相应的义务与责任；另一方面，环保相关法律法规在环境组织领域的内容还不够完善，在社会组织协同治理模式中，社会组织在主体地位加强并获得一定权利的情况下，理应承担更多的环境义务。如果法定义务无法保障社会

[①] 《社会组织评估管理办法》第十八条规定："评估期间，评估机构和评估专家有权要求参加评估的社会组织提供必要的文件和证明材料。参加评估的社会组织应当予以配合，如实提供有关情况和资料。"

组织权利与义务的对等，就很可能出现不作为、乱作为等现象。

但是，要通过立法手段弥补社会组织的环境义务缺失，在操作层面上是一个非常棘手的问题。首先，社会组织作为环境治理的一方主体，区别于其他主体的最大特点就是其自主性与创新性，同时也更易取得群众的信赖。如果社会组织的环保义务被框定于有法律强制力的法律法规条文中，很可能会回到之前政府发号施令、其他主体被动执行的状态，极容易让人民群众产生抵触心理，也不利于发挥社会组织的自主性与创新性优势。其次，环境治理的基层环节实际情况极其复杂，环境问题呈现多样性、隐蔽性和突发性、长期性并存的特征，法律法规天然的滞后性决定了其难以囊括实践中的各种细节。因此，社会组织的环境保护义务在确立时更需要重视没有强制力的软法。软法意指没有法律强制力的规范，所包含的形式多种多样，主要包括：国家立法中具有指导性、号召性、激励性等的非强制性规范、政治组织创制的各种自律规范、地域性的风俗习惯等。举例来说，一些来源是村规民约或者优良风俗的软法环境义务；其义务内容可能包括特殊的环境保护行为；追责方式可能是当地群众的舆论声讨甚至当地群众在合法范围内予以的惩戒。例如，藏区牧民根据当地气候实际，将草场划分为两季型、三季型、四季型三类，进行放牧活动时必须在规定时间内转换草场，以保障草场休养生息，防止草场退化。对环境污染社会组织协同治理而言，这种软法环境义务的推动可以促使社会组织在环境污染协同治理中更加具备责任意识，也是促进协同治理的关照范围向环境污染预防端延伸的重要推动力。

4. 多元协同的环境治理实施环节

首先，建立地方政府之间的交流合作机制。环境治理的重大阻碍就是行政边界和管理边界的争议问题，恰当地协调环境争议冲突是解决跨区域环境治理的重点，相邻行政区域的冲突调节需要依靠区域内部上级政府与区域环保监察机构的协调。另外的解决途径是地方政府之间的交流合作机制。交流合作机制的有效运转能使区域内的行政主体在技术交流、环境监测和企业监督方面良好合作，提升共管水平。这为地方政府合作解决环境污染问题提供了新的交流平台和空间，共同提升区域内的环境质量。

其次，创新公众参与的激励制度，即激发公众参与的动机和主动性问题。公民必须具有一定的环保意识和责任意识，才会自愿接受政府引导，自觉参与到环境治理中。引导公众行为的出发点是弥补公众参与制度的不足，提升环境治理的吸引力。要实现这一目标，政府需要尽最大努力发挥环境教育的功能。通过宣传教育和咨询服务等方式，让公众对环境问题有客观认识，对相关法律法规充分了解，做到依法参与、理性参与，避免公众在环境治理过程中的非理性行为，在倡导公众有序参与的同时保持参与热情。同时，政府需要加强制度建设，在相关法律法规中明确公众具有接受环境教育的权利与义务，从制度层面保障环境教育的普及与开展。在加大环境教育资金投入的同时，要确立监管部门的职责，明确资金的使用去向，确保每一分钱都花在刀刃上。要区别不同地区的环境特点、生态状况和经济发展水平，因地制宜地开展与当地情况相适应的环境教育，环境教育的内容既要具有普适性，又要注重解决实际问题。面对不同环境的教育受众，教育内容应具有针对性和倾向性，对于党政机关和企业的领导干部，教育的落脚点应为提升其环境责任意识，而对于普通百姓，则应倾向于传授相关环保和法制知识。环境教育的方式应向多样化发展，注重形式创新，也要考虑公众接受度，除了传统的电视节目、公益广告、报纸书刊等形式，还可以引入公益展览、演讲的创新形式，使得环境教育更具吸引力，以此培养公众的环保意识和责任意识。

再次，环保组织是公众参与环境治理的有效形式，具有独立性、自治性的优势。国外的实践经验表明，环保组织是环境治理的重要参与者，作为提升环境治理水平的关键一环，政府需要对其进行鼓励与支持。我国现行法律对环境社会组织的管理需要适当扩展其服务权限和自治水平，为环境社会组织的发展壮大提供法理支撑，以充分发挥其环境保护的优势。

最后，引导企业进行基础创新并严格要求企业落实环境责任。环境治理过程中，政府引导主要是通过科技投资，进而引导企业通过自身科技投资起作用的，发达国家和地区的经验也表明，政府的科技投资对企业的科技投资能够产生明显的引导作用。从国家干预经济运行的角度来看，政府对企业技术创新投入的引导实质上是国家柔性干预的具体行为。无论是政府补贴、税收优惠、政府采购，还是更为市场化的政府引导基金，都是政府柔性干预经济的有效路径。在现代市场经济体制下，政府对企业技术创新投入引导的关键目的是激发企业的创新意愿和创新能力，从而利于建设创新型的国家。企业在生产经营活动中往往以实现股东利益最优为先，对环境治理方面的技术投资，私人投资者并不能获取自身投资所带来的全部收益，故导致私人投资的动力不足，总投资额远低于社会最佳投资额。此时就需要政府积极向企业转移基础领域技术创新投入所取得的成果，给企业技术创新以助力和支持，从而引导企业增加技术创新投资。这样，企业才会同时兼顾环境效益，节约资源避免污染，履行对生态环境应有的环保责任。企业的环保措施不仅有助于整个生态环境的可持续发展，对企业提升自身的竞争力也大有帮助。因此，企业在进行生产经营活动时，需要注意环境保护，自觉履行社会责任，促进人与自然和谐共处，减少污染排放。企业参与环保的最终目标是行为自律，不需要外界监督，充分认识到环境保护是自身长远发展的基础而形成自愿行为，从而减少其他主体的监管成本，避免信息不对称下的道德风险，实现企业和社会的可持续发展。

第二章

以政府主导责任为中心的环境行政治理

前一章回顾分析了我国环境治理的历史脉络，即从最初的生态环境治理体系完全由国家主导，通过单调的、强制性的手段实现对生态环境的管控或保护，到改革开放引入市场机制，市场、企业、公众、社会组织等主体逐步进入生态环境治理体系，这个过程也伴随着政府职能、政府角色和政府责任的不断发展变化。当前，环境治理进入多方协同共治的治理新阶段，实现了从"管理"到"治理"的质变。

一、环境治理体系的多元化构成

党的十八大以来，中央协调推进"四个全面"战略布局和统筹推进"五位一体"总体布局，在全面依法治国的战略部署下推进生态文明建设。习近平总书记在党的十九大报告中提出要"加快生态文明体制改革，建设美丽中国"，在这一过程中要解决突出的环境问题，必须"构建政府为主导、企业为主体、社会组织和公众共同参与的环境治理体系"。可以看出，如何建立科学高效的环境治理体系是未来生态文明建设的重要命题，而在全面依法治国的战略背景下，环境治理体系的法治化建构是这一命题的基本内涵。

（一）多元化环境治理体系的内涵

党的十九大报告提出要打造共建共治共享的社会治理格局理念，目的在于最大程度上发挥政府机制、市场机制以及社会机制协调共进的合力效应。而多元环境治理体系的本质属性，既强调政府为中心发挥主导作用，又旨在实现政府主导基础上多元主体之间的合作与互动，从而塑造出更具开放性、包容性以及适应性的环境治理新品格。习近平总书记高度重视生态环境保护中的共同参与，强调"生态文明是人民群众共同参与共同建设共同享有的事业，要把建设美丽中国转化为全体人民自觉行动。每个人都是生态环境的保护者、建设者、受益者，没有哪个人是旁观者、局外人、批评家，谁也不能只说不做、置身事外"①。

第一，政府在多元化环境治理体系中发挥基础性的主导作用。

多元化环境治理模式下，政府的功能并不是要削弱，而是需要明确，政府扮演的角色并没有淡出环境治理的舞台，反而更加立体和多面，表现为科学合理的规划、环境行政立法的制定与执行、环境监管组织体系的调整与优化、环境信息公开制度的完善、环保宣传教育的加强、环境监管与环境问责机制的落实，以及为企业、社会组织和公众参与环境治理提供相应的保障等，行政治理的方式已经从原来的"命令式""强制式"逐渐转变为多样化、社会化以及市场化的监管与保障手段。只有充分发挥政府监督管理在控制环境污染、促进环境恢复和建设等方面的基础性主导作用，才能保障环境治理的有效性，并使得其他主体顺利参与到环境治理中来。

第二，企业在多元化环境治理体系中发挥主体性作用。

企业是生产、经营的主体，是环境利用的主体，也是环境污染的主体，更应是环境维护和恢复的主体。在多元化环境治理体系中，企业承担主体责任的原动力是多方面的，有来自行政监管的压力，有企业自律的觉知，更有企业形象、品牌影响力、市场接受度以及利润最大化的诉求。因此，要使企业从以前的被动的被执行方，转变为主动的守法方。使企业把环境保护与节约自然资源纳入自身发展战略规划当中，在实现经济效益的同时逐渐提升企业自身的品牌影响力与社会竞争力，而综合实力的提升也

---

① 习近平：《加强生态文明建设必须坚持的原则》（2018年5月18日），载《习近平谈治国理政》（第三卷），外文出版社2020年版，第362页。

会促进企业自觉生成节约资源、保护环境的经营理念，主动加强自我约束自我规制。对企业来说，在研究实现利益平衡效用最大化的各项关键技术的同时，积极主动探索更加先进的环境管理方法和技术设备，就成为更具内驱力的主动选择。这样就可以形成一个良性循环，既促进企业自身发展，也能够保障环境利益，实现人与自然的和谐发展。

第三，社会组织和公众在多元化环境治理体系中发挥协同共治的作用。

习惯上认为，"参与"是一种权利，需要呐喊、需要捍卫，需要各种制度保障，需要有效方式提供救济。但是，在"环境治理"层面，"参与"意味着加入，意味着在其中出一分力、发一分光，意味着一起行动、一起监督，这是社会组织和公众的重要责任。作为独立于政府和企业之外的第三方，社会组织和公众在多元化环境治理体系中发挥着重要的作用。随着国家加强对生态环境治理的改革力度，第三方力量有效参与环境治理越来越成为共识，也获得了更为有效的制度保障，主要有知情权的保障、参与渠道的畅通以及监督救济权利的充分行使。《环境保护法》在总则中即明确规定了"公众参与"原则，对信息公开也予以专门规定。中共中央、国务院《关于加快推进生态文明建设的意见》中提出了要"鼓励公众积极参与、完善公众参与制度，及时准确披露各类环境信息，扩大公开范围，保障公众知情权，维护公众环境权益"。同时环境保护部还出台了《环境影响评价公众参与办法》《环境保护公众参与办法》以及《关于推进环境保护公众参与的指导意见》等多项规范，旨在加大对社会组织的扶持力度和规范管理，做好社会组织的工作，进一步发挥社会组织的号召力和影响力，使其成为环境治理的同盟军，加快建成多元化环境治理体系。

（二）多元化环境治理体系中政府职能的定位

多元化环境治理体系中，政府需要重新定位自己的职能，既要达到治理的目的，也要认识和尊重被管理者的利益诉求，不再使管理者和被管理者成为利益对立的双方，政府要转换角色，组织和引导其他主体进行合作治理，让其成为同行者，而不再是对立方。这样，既有利于保障社会整体的环境利益，也能够通过共治共享提升政府公信力，实现生态可持续健康发展。政府在既有职能的基础上，要着重发挥以下几种作用。

1. 服务

法国著名政治学家托克维尔曾经指出："一个中央政府，不管它是如何精明能干，也不能够明察秋毫，不能凭借自己去了解一个大国生活的一切细节，它一定办不到这一点，因为这样的工作已经超过人力之所及。"服务型的治理模式是指政府不再全面地掌控和决断社会事务，而是构建以共同协商、互相信任为特征的合作机制，充分调动各方的积极性，为社会做好服务，实现公共利益并增进各方福祉。

政府作为多元化环境治理体系中的"服务者"，其功能在于：一是能够合理定位政府职能，适当简政放权。现代意义上的服务型政府应该是"有所为，有所不为"的政府，政府应在充分履行经济调节和市场监管等职能的同时，尽量缩小政府职能范围并且适度地放权给企业，同时保留和强化关键性的职能，提升政府的掌控力。无论是政府要积极实现环境职能还是企业想要自觉地维护环境利益，政府都必须赋予企业较强的环境治理自主性，调动其治理环境的积极性，将企业自身能有效解决的事务向企业转移，充分发挥企业本身的作用，将环境治理的权力运行网络深深植根于社会之中。二是规范社会利益博弈，成为社会利益的"平衡器"。在社会利益结构多元的情况下，必须在多元的利益之间建立起合法有效的利益博弈、制衡与兼容机制，才能实现社会的良好治理。社会公众和企业都希望能将自身利益最大化，也都天然倾向于认为自身的利益诉求是合理且正当的。因此，政府要坚持基本原则，在利益博弈的过程中策略地使社会各主体能在治理体系中达成有效协作，使政府成为最基本的协作平衡点，而做好一个优质的服务者是成为这一平衡点的前提。三是能实现信息透明，使政府和企业在信息公开和对称的形势下形成共同的治理目标。要想实现全社会环境保护的高效治理，政府应力促社会环境信息的透明，使社会各主体在信息反馈中修正自己的行为，避免产生摩擦和抵触。政府作为服务者，应搭建良好的信息披露平台，提供通畅的信息获取渠道，既成为信息的发布者，也成为企业信息发布的保障者和促进者，在全社会构建科学合理的环境治理体系。只有信息透明，政府与企业共同的环境治理目标才能达成。

服务型政府要以实现社会公共利益为根本目标。构建全新的服务流程框架，实现公共服务的公正性和效率性，这样才能使社会公共服务水平有一个较大的提升，而在提升到一定程度之后，政府才真正成为服务型政府。

2. 激励

现代社会，传统意义上的强权命令型管制手段的效力正在明显减弱。为弥补传统管制手段的不足，发现、探索并尝试新的环境规制手段已经成为政府环境制度变革的重要着力点，在这种背景下产生了政府的激励型环境规制方式。这一规制方式是指政府不仅以明确的污染控制水平和指标保证环境保护的下限，而且通过实施一系列激励企业的政策，使其尽力达到环境保护的上限。激励型政府环境规制与传统的强制型环境规制相比，能更加激发企业自身的主观能动性，更具有灵活性，促使企业能自行发现最低污染控制成本的实现策略，保障企业在实现自身经济利益发展最大化的同时，也能积极履行环保义务和其他社会责任。

政府的激励型手段包括通过"绿色"政策调控，激励企业进行绿色生产，提升企业竞争力，如对承担环境责任的企业进行绿色补贴与绿色采购等。绿色补贴是指为保护环境和有限的自然资源，政府采取合理干预的政策将环境成本内部化，对企业在改善产品的工艺和适度的消费规模投入上进行补贴，使企业产品竞争力得以提升的一种产业政策。绿色补贴的目的可能是鼓励削减污染，也可能是为削减污染采取的措施提供资助，一般所采用的形式为贷款、拨款和税收优惠。绿色补贴激励企业采取环境友好型措施，既能使企业控制污染，又能减轻政府监管对企业生产经营形成的冲击，使企业的私人利益和社会利益相一致，诱发出社会所需而市场机制又无能为力的环境建设活动。绿色采购指的是政府通过自身庞大的采购力量，对环境负面影响产生较小的环境标志性产品优先购买，促进企业改善影响环境的行为，对民众的绿色消费起到示范和推动的作用。政府进行绿色采购可以激励供应商采取有力措施，建立有效的企业管理制度，节约资源和减少污染物的排放，降低其对环境和人体健康的负面影响。政府进行绿色采购还可以培养和扶植绿色产业，有效促进清洁技术的发展。

3. 监督

在环境治理的实践中，政府与企业的视角毕竟存在整体与局部、普遍与特殊等方面的差异。为了实现维护公共利益职能，政府必须对自身执法行为与企业自治行为进行真正合法有效的监督与管理，这也正是监督型政府的要义所在。政府的监督任务主要有两方面：一是对自身执法的行为进行约束，防止侵害企业合法权益的环境行政不法行为的出现；二是对企业的行为实施监督，防止企业损害公共利益的行为发生。政府进行自我监督和对企业监督的目的都是实现环境治理，是多元环境治理体系的组成部分。

政府在多元环境治理体系中成为"监督者"的原因在于：其一，政府进行自身的监督是依法治国、依法执政、依法行政的必然要求。环境行政公开制度的不健全、执行力的不足，环境行政机构存在内部监督机制缺乏的问题，制约了我国环保事业的发展。所以政府内部的自我监督有利于环境治理的实现。其二，政府对企业是否遵守环境法律法规进行监督，有利于规范企业行为，敦促企业开展环境治理。政府依法对企业进行检查、监督与评价，在必要时采取紧急措施，确保企业按照政府的要求从事合法的生产经营活动。政府可以通过依法行政处罚加强企业对环境法规政策的遵循。监督检查是一项较为普遍的政府社会型规制的政策工具，世界各国政府经常通过定期或不定期的检查、违例监管和处罚措施督促企业遵循政府规制政策。

值得注意的是，政府对企业行为的监督不应演变为对企业环境自治行为的破坏或不当干预。只有当企业的行为影响到环境治理的公共事务，并侵害更为普遍的公共利益，而靠企业自治力量无法解决时，政府才能够运用适当手段实施约束与监督。

二、环境治理体系中政府的主导作用

（一）发挥政府主导作用的理论依据和具体途径

根据上文所述，政府在多元化环境治理体系中扮演的是主导者的角色，其主导的含义在于发挥服务者、激励者以及监督者的作用，规范环境治理中企业以及社会组织的行为，引导它们走上良性发展的道路。

具体而言，在党的十九大工作报告中明确提到了构建政府为主导、企业为主体、社会组织和公众共同参与的环境治理体系，即政府依旧要发挥主导的作用，而企业则需要发挥治理主体的作用，第三方主体发挥监督作用。虽然在之前传统的环境治理中，就贯彻着政府主导的治理模式，但是现在多元化环境治理体系中的政府主导与传统模式存在着很大不同。在传统模式中，政府通常扮演的是命令的发布者、执法者等角色，将自己置于企业的对立面，而命令的方式无法实现环境治理的高效，反而会导致企业与政府的对立。在多元化生态环境治理新模式中，政府依然扮演主导者的角色，但是逐渐从原来的命令者转变为服务提供者、激励者以及监督者的角色。这样的管理模式能够有效缓解政府和企业的直接冲突，增强企业在环境治理中的积极性，从而更高效地进行生态环境保护工作。

前文有述，传统的环境治理模式形成于我国计划经济发展时期，是根据国家发布的政策、命令开展环境保护管理活动的一种模式，这一时期的社会环境治理主要目的是，国家行政管理机关和其他政府部门利用国家公权力直接实现对社会环境治理领域的整体管理，并以行政机关的管制作为环境治理的基本执行手段。

以可持续发展为核心的科学发展观的理念逐渐成为社会共识，社会经济发展不再以损害生态环境为代价，实现国民经济社会发展和生态环境资源保护两者有机统一、协调均衡。提高生态环境效益与社会经济效益，都是环境治理的目标，两手都要抓两手都要硬。同时，随着经济发展，环境问题也逐渐转变为更具专业性、复杂性和损害性的问题，传统行政的管理模式不能适应现阶段环境治理发展的需要，从而影响环境治理效果和效率。基于以上原因，多元化的各方社会主体开始介入环境治理当中，弥补传统模式下政府单一治理造成的短板，也促使现代多元环境治理模式的产生，企业、社会组织和公众都加入环境治理体系当中，通过发挥第三方监督、激励等作用，开展合作来实现多元化的环境治理，有效提高了环境治理效率。

首先，需要处理好中央政府和地方政府协同治理的关系。中央政府可以根据地方政府治理水平决定是否介入其中，如果地方政府能够有效完成本地区的环境治理目标，中央政府就无须介入，否则会造成多头管理，反而使环境治理效率大大降低。如果地方政府不能处理好本地区环境问题，中央政府介入又不及时，那么就会错失环境治理的最佳时机，甚至酿成环境危机。因此，中央政府应该根据地方政府治理能力和治理水平来决定是否介入[1]，并非政府加强环境监管就一定可以实现环境治理绩效的提高。

其次，需要构建政府与企业、社会公众共同治理的循环体系，完善公众参与的途径。这一目标的实现需要政府从根本上扭转观念，切实解决实

---

① 许佩、吴姗姗：《环境分权体制下中央政府与地方政府协同环境治理研究》，《经济与管理研究》2020年第12期，第126页。

际问题。例如，提高政府信息透明度，完善政府信息公开制度以及救济途径。在相当长的历史阶段，生态环境治理秉承着传统的唯命令行事的单方管理模式，来自社会其他主体的声音往往是听不到的，政府主导整个进程，导致其他主体参与的渠道不够畅通，也就无从谈及其他主体的社会责任。再如，充分调动社会公众主动参与的积极性。以往模式中，社会公众习惯作为非相关当事人，没有直接利益冲突的时候通常选择置身事外，自身受到损失的也只是事后寻求救济，被动等待救济结果，很少在过程中主动参与环境治理。

最后，注重培养社会组织的力量，提供包括资金、技术等方面的支持，帮助其提升号召力和影响力，使其在环境治理中发挥出足够的力量。要充分发挥政府、企业以及公众各自的优势，才能完善多元化的环境治理体系。

（二）发挥政府主导作用以落实政府责任为抓手

政府在厘清自己的角色定位后，接下来的任务便是落实政府责任。政府责任作为责任政府和法治政府制度化的实现途径和方法，有着深刻的理论内涵。从本质上来讲，政府责任是对社会的回应，而且这种回应与法治政府和民主政府的核心内容关系密切；从环境治理的角度来讲，政府承担环境治理责任既因环境现实的客观需要，也因政府产生之根本属性，它是政府责任核心价值嬗变的结果。"政府责任"一词从字面来讲是由"政府"和"责任"两部分组成，但"政府责任"的内在含义绝不是两个词的简单叠加，而是有着深刻的理论意义。政府行政行为的实质是政府按照法律的授权、遵循法定的程序对社会公共事务进行管理的过程①，因此，政府责任包含两层含义，一是法无明文规定皆禁止，二是政府及其公务人员违反法律规定的作为和不作为，均要承担相应的法律责任。由此可以看出，政

---

① 唐志君：《政府责任核心价值取向的嬗变及其启示》，《吉首大学学报》（社会科学版）2009年第5期，第54-59页。

府责任本身暗含了法律的内蕴，尤其在法制社会和法治政府背景下，政府责任与法律具有更密切的关系。当然，这里讲的政府责任是广义层面上的政府责任，既有政府基于角色定位而对社会公共事务发挥的治理职能、作用，此为分内之事，也有政府如违反法律规定对社会造成不利影响应承担的后果，此为未完成分内之事而承担的责任。治理是自下而上的信息、资源和意见的传递，治理主体所遵从的既有权威机构制定的正式的规则或制度，也有经平等协商达成的非正式的符合主体间利益的意思表示。理性的治理机制称为"善治"，其衡量标准是正当性、透明性、责任性、法治性、有效性、回应性等。不难看出，实现善治不仅要求法治，更要求责任，所以作为环境治理最主要主体的政府，要实现环境治理的法治化，必须落实政府责任。政府环境责任的理论依据主要包括以下几种。

1. 公共物品理论。生态环境具有鲜明的公共物品属性。一般认为，公共物品是由公共部门所生产、提供的，并由全体社会成员免费使用的产品，其在消费层面上具有非排他性和非竞争性。它既包含兼有非竞争性和非排他性的纯公共物品，也包括不同时兼具非竞争性和非排他性，或非竞争性和非排他性较弱的准公共物品。无论是绝对意义上的纯公共物品，还是公共利用性较弱的准公共物品，都与"公地悲剧"所反映的现实问题紧密相关。与"公地悲剧"中的公共牧场一样，生态环境同样具有公共物品的共同属性。作为人类生存栖息之地，生态环境在享用时具有不可分割性和非竞争性，以及受益的非排他性，是典型化公共物品的一种。由此，基于环境的公共物品属性，社会中的单个人难以对其进行有效供给，国家的适当介入自然不可避免。在环境多元治理模式下，政府承担提供、监管和部分分配环境公共物品的责任，并对辖区内的环境质量负责；政府退出环境公共物品生产领域，将环境公共物品的生产、部分环境公共物品的分配，以及对环境公共物品的生产、提供、监管的监督交给市场与社会。

2. 委托代理理论。持此种观点的学者认为对于空气、阳光、水这些人类的"公共财产",任何人都不能任意占用、支配和损害。为了合理保护这些人类共有财产,全体人民可以委托国家来管理。此种理论解决了环境这一公共物品的无主状态,将其作为全体人民的"共有财产"委托给国家管理,由此国家必须作为全体人民的受托人积极履行环境责任。人民是国家的主人,公共权力来自人民的授权和认可,政府理所当然地应为人民的利益而负责任地履行自己的职责。人民与政府之间的这种授权与被授权关系,实质上是一种委托代理关系。全体人民应当对国家这一代理人进行激励与约束以确保其尽职尽责。当国家这一代理人违背全体人民这一委托人的利益而追求其政府利益、部门利益、公务员个人利益,或者不履行、消极履行、不适当履行委托事务时,政府、政府部门及公务人员就要承担相应的法律责任。

3. 公共选择理论。首先,公共选择理论将政府视为"经济人",基于"经济人"假设,政府中的组织与个人在进行政治决策时,会在与其他组织和个人发生利益关系时选择自身利益最大化的方案。政府及其公务人员也具有自身的利益目标,其中不但包括政府本身应当追求的公共利益,也包括政府内部工作人员的个人利益,此外还有以地方利益和部门利益为代表的小集团利益,等等。政府部门及其代理人也存在追求自身权益最大化的问题。而政府既承担着经济管理的职责,也承担着环境管理的职责。如果不对政府的环境管理职责匹配相应的环境法律责任,其有可能盲目追求经济发展,以追求其利益最大化,从而忽视环境管理;部门、小集团及公务人员个人也可能利用手中的环境权力以权谋私。其次,公共选择理论将政治视为一种交易过程。公共选择理论运用新古典经济学对政治过程进行分析,并由此认为政治与经济市场一样,均是一种交易过程。由于政府是"经济人",政府就会依靠手中的权力进行选票与政策的交换、制度交换等,从而形成政治市场。如果不对政府的环境职责匹配相应的环境法律责任,政府权力就可能被异化为商品,政府就可能出现决策失误、效率低下、消极怠工、权力腐败等问题，其环境管理能力就会大打折扣。因此，应当打破政府在政治决策中的垄断地位，让企业、非政府组织等公共物品的提供者积极参与到公共事务治理过程中，以多元主体为决策中心，通过共同竞争促进治理效益的提高，并为政府环境职责匹配相应的环境法律责任。

4. 环境权理论。环境权理论是在人权理论、代际公平理论和公共信托理论基础上提出来的。1970 年国际社会科学评议会在东京召开"公害问题国际座谈会"并发布《东京宣言》，明确提出公民环境权的要求。1972 年联合国人类环境会议发布的《人类环境宣言》第一条宣告："人类有权在一种能够过尊严和福利的生活的环境中，享有自由、平等和充足的生活条件的基本权利，并且负有保护和改善这一代和世世代代的环境的庄严责任。"环境权提出后，许多国家和地区通过立法确认了环境权。

环境权包括公民环境权、企业环境权、国家环境管理权三个部分。其中公民环境权包括环境资源利用权、环境状况知情权、环境侵害请求权等；企业环境权与公民环境权并无二致，只不过更注重环境资源利用权、环境状况知情权；公民环境权与企业环境权是私法意义上的环境权，而国家环境管理权是公法意义上的环境权。国家环境管理权同时也意味着国家的环境义务，包括政府应当保证公众享有环境权、政府应采取一定的行为来实现公民的环境权、政府承担没有保证和提供良好环境权的不利后果。因此，从国家环境管理权这一环境权的意义出发，环境权就决定着政府应当承担环境职责以及由此引发的环境法律责任。

5. 责任政府理论。责任政府理论是一个差异化较大的理论，不同国家在不同时期对其理解都会存在差异。我国与英国的内阁制及美国的三权分立制并不相同，在我国语境下，责任政府必然与我国的人民主权、法治理念、制度创新、权力监督等密切相关，是通过对政府与公民间的权责关系的制度性安排而形成的政府组织形式，主要有以下四个特征。一是责任政府要以"以人为本"为政府理念，要"权为民所用，情为民所系，利为民所谋"。二是责任政府要以促进经济和社会和谐发展、促进人与自然和谐发展、维护公民合法权利为目标。三是责任政府要以善治为标准，实现社会的良好治理。四是责任政府是负责任的政府，要有明确的职责范围并对其职责承担道德责任、政治责任与法律责任。据此，在当代中国，责任政府可以表述为政府秉持"以人为本"的理念，以促进经济和社会和谐发展、促进人与自然和谐发展、维护公民合法权利为目标，以善治为施政标准，通过责任清单明确政府职责，并对其怠于履行与不正当履行职责承担道德责任、政治责任与法律责任。党的十八届三中全会决定政府职能从16字增加到20字，增加了"环境保护"，即表述为"加强中央政府宏观调控职责和能力，加强地方政府公共服务、市场监管、社会管理、环境保护等职责"。这意味着政府不仅要在环境保护方面享有职权，更要承担责任。

（三）发挥政府主导作用以环境行政治理法治化为保障

中国的环境行政法治研究伴随着中国环境立法"从零到一、从一到体系化"的全过程。在这个过程中，学者们解决了环境行政立法所亟须明确的概念、客体、对象、立法形式、文本、体系、技术等问题。尤其重要的是，确立了包含环境行政法在内的大环境法的独立地位，为中国的环境法治打下了坚实的根基。"法制"是"法治"的必经阶段和初期阶段，"依法治国"是"全面建设法治国家"的基本要求。环境法治不仅是实体法的问题，也是程序法的问题，环境行政治理中的程序正义问题也应受到关注。从"环境行政法制"走向"环境行政法治"，需要从社会主义法治的基本要素出发，探索社会主义环境行政法治的基础理论和制度体系。

环境行政治理法治化，要以习近平法治思想中的生态文明法治理论为指引，以生态文明法治理论提供的全新价值观与方法论为基础，构建环境行政治理体系的新模式、新机制。首先，生态文明法治理论创造性地提出"生命共同体"的法理命题，从"自然生命共同体""人与自然生命共同体""人类命运共同体"三个不同层面，建立了彼此关联、有机统一的法价值，为生态文明法治体系确立了"最严密""最严格"的价值判断标准；其次，生态文明法治理论实现了生态文明法治建设方法论的创新，分别提出系统性方法、协同性方法、控制性方法；最后，生态文明法治理论推动了生态文明建设法学理论的创新，分别体现为"法律关系"理论、生态环境多元共治理论、生态环境空间法治理论等。[①]

　　环境行政治理法治化，即生态环境多元共治理论的具体落实，是以政府主导责任为中心，对环境行政治理行为的总体性要求，是政府实现环境治理效益的根本保障。为了实现环境行政治理法治化，政府应在依法行政的总体要求下，经过环境法律规范确认，采取符合行政法基本原则的环境治理措施，形成符合行政运行规律的有机整体，即环境行政治理法律机制，这是政府在当前生态环境治理体系中的首要任务。环境行政治理的方式、途径的选择应以社会发展需要为前提。有序发展的生态环境和配置优化的自然资源在任何历史阶段都是社会发展的重要物质基础，社会的有效管理离不开环境治理，国家治理体系和治理能力的现代化更离不开环境行政治理的法治化和现代化。政府通过采取环境行政治理措施，发挥主导作用，促进环境法律规范与环境社会关系之间的良性互动。

　　环境法律规范以国家强制力为前提，为环境治理提供了基本依据和制度保障。环境法律规范的产生、发展、完善与社会发展水平密切相关，而环境问题如何解决又会影响社会向前发展的总体进程。环境行政治理法治化，首先要求政府积极应对现实环境问题及相关的社会纠纷，妥善处理环境问题对各类社会关系的影响，充分考量各参与主体的诉求并保障社会主体的基本环境权益。通过生态法治保障生态文明建设，关键在于严格执法。生态法治的强力实施，要求强化环境资源领域的行政执法，强化对资

---

① 吕忠梅：《习近平法治思想的生态文明法治理论》，《中国法学》2021 年第 1 期，第 53－58 页。

源分配行为和环境资源消费行为以及企业生产营销行为的规范；要节约资源，履行义务，遏制权力的滥用；要经常组织环境治理的专项执法检法、联合执法。对于行政执法中查出的问题，要依法严格追究责任，不能怠于行使行政职权，更不能"以罚代法"。①

三、环境治理体系中的责任分析

"法治是环境治理体系现代化的关键"，从法治视角解读"政府为主导、企业为主体、社会组织和公众共同参与"的环境治理体系，最核心的问题应该是"责任"，是多元化环境治理体系中各方主体被赋予的责任，每个参与者的权力、权利、义务都是以"责任"为核心去配置去实现。环境治理体系的法治化构建是新的环境治理模式代替环境管制模式的必然路径，也是全面依法治国战略部署的组成部分。环境治理体系中的政府主导与企业主体、社会组织和公众的参与，都应在责任导向之下实现权力、权利、义务的有机统一，并与生态价值观的要求协调一致。

（一）环境治理体系中的企业主体责任

如前所述，企业在多元化环境治理体系中发挥主体性作用，也相应地承担主体责任。以企业责任对环境的影响为标准，区分为环境修复责任、环境保持责任和环境发展责任。

1. 环境修复责任

首先是排污企业承担环境修复的法律责任。排污企业，即通常所说的以盈利为目的从事生产经营并产生污染物的企业。按照理性经济人假设理论，企业追求自身利益最大化，在外部约束力有限的情况下，企业为了逐利或谋求发展，很可能不惜以牺牲自然环境为代价，成为主要的环境污染

---

① 江必新：《生态法治元论》，《现代法学》2013 年第 5 期，第 8 - 9 页。

和破坏者。①

人类活动对环境的影响、改变、破坏，在人类发展历史上已经无数次被证实。企业的生产经营活动造成对环境的污染更是工业革命以后的常见现象，甚至有些国家和地区，正是以牺牲环境利益来换取经济的迅速起飞的。各国法律普遍确立了追究污染者的法律责任，即由污染者自己来补偿其行为所导致的环境损害和资源浪费。《环境保护法》第四十三条规定："排放污染物的企业事业单位和其他生产经营者，应当按照国家有关规定缴纳排污费。排污费应当全部专项用于环境污染防治，任何单位和个人不得截留、挤占或者挪作他用。依照法律规定征收环境保护税的，不再征收排污费。"排污企业的环境修复责任应是法律责任，通过缴纳税费的方式承担，违法行为还要接受行政处罚甚至刑事制裁。

其次是第三方治污企业承担环境修复的合同责任。"谁污染、谁治理"是比较早期的治污模式，随着新问题的不断出现，第三方治污企业提供污染治理服务的模式逐渐兴起，但这并不免除排污企业的修复责任，而是在前述责任的基础上，探索更灵活更有成效的方式。第三方治污企业一般应提供污染处理设备、技术以及减少污染物排放的管理措施，在效果上增进公益，但本质上依然是通过提供商品和服务来获取利润。

第三方治污企业承担的环境修复责任来自合同权利义务的约定。其中既包括第三方治污企业与排污企业之间的合同，也应积极探索第三方治污企业与政府之间通过行政协议的方式而形成权利义务关系（如本书"以政府引导责任为中心的环境行政治理"部分所述）。第三方治污企业承担环境修复责任从根本上说是该企业实现利润的方式，但达到了环境治理的公益效果，因此，政府既应当按照一般市场主体予以必要监管，同时可以给予必要的鼓励和支持。

---

① 王琪、韩坤：《环境污染第三方治理中政企关系的协调》，《中州学刊》2015年第6期，第75-76页。

2. 环境保持责任

企业的环境保持责任，是企业社会责任的重要组成部分，是企业在生产经营之前、生产经营过程中，也就是环境资源利用之前和利用之中，除了要考虑成本－收益，即企业的经济利益，也必须对环境因生产经营活动可能受到的影响做出预判，并且采取积极有效的预防和应对措施，以期在最大程度上避免损害的发生。环境一旦受到破坏，无论怎样修复，都很难完全恢复到原状，并且在受破坏的过程中还可能留下在未来才会爆发的潜伏的危机。因此从事经济活动的同时未雨绸缪，主动承担生态责任，积极研发和推广绿色科技，对于应对环境危机的挑战是很有必要的。如本书前述，污染之后治理、损害之后补偿，不仅成本巨大而且并不一定能得到好的效果，因此，"防微杜渐"式的要求同样适用于市场主体的各项活动。当然，这对企业是一个很高的要求，而且目前尚没有可操作的制约机制，所以政府的引导和公众的学习和宣传非常重要。

企业的生存当然必须依赖经济利润的获取，这是毋庸置疑的，利润最大化必然是企业的行动指南之一，然而在现代市场的竞争中，与利润密切相关的，除了产品或服务的性价比、销售策略、品牌影响力、市场占有率等这些传统因素，还有企业和品牌的形象、消费群体的认可度和信任度等，更确切地说这是事关企业发展空间大小和时间长短的更重要指标。而这些指标，不重视环境保护、没有生态意识的企业不可能拥有。因此，企业只有具备环境意识、责任意识，制定严格的自我约束机制，才有能力解决自身发展中带来的各种社会问题，才能创造更好的生存与发展环境。承担环境保持责任，企业首先要树立绿色发展的生态意识，树立环境就是资源、就是财富、就是生产力的观念，将环境因素作为企业决策的重要考量指标，实现经济效益与环境效益的协调发展。其次要建立绿色发展的经营模式，通过建立清洁生产体系、完善环境信息披露制度、推行环境会计制度以及建立企业环境监事制度等方式，促进企业形成环境自我约束、自我监督的循环系统，更直接主动地承担环境保持责任。

3. 环境发展责任

从根本上来看，多元化环境治理体系中各方主体的责任都可以统一到生态责任，就是要处理好人与自然的辩证关系，实现人与自然关系的和谐统一。企业的主体责任自然也不例外，而且企业的主体责任体现得更为直接。笔者认为，生态伦理是某一历史阶段人类所肩负的责任，让人类共有的环境更美好，所谓"功在当代、利在千秋"。所以，在修复责任、保持责任之后，就是在现有环境状态的基础上更好地发展。这也是生态文明理念和科学发展观的要求。

企业作为市场主体，作为资源利用和环境影响的主体，应当负有环境发展责任，这既是生态伦理观之于企业的责任，也是企业自身可持续发展的必要条件。最低限度地消耗资源成本并有效保护自然环境的现状，是维持现阶段生态水平的基本要求，而提升环境品质，使得环境更优质、更宜居，才是生态系统的未来。这一责任，更多地面向代表高新技术领域、面向掌握人类最前沿科技的企业，研究制定新的环境发展方案和优化措施，真正实现企业发展、人类发展和生态进步的统一。

强调企业履行好主体责任的同时，也不能忽略政府的作用，尤其在多元化环境治理模式的初创阶段，为企业提供相应的环境政策与技术指导等方面的帮助，来更好地促进环保产业发展，是政府义不容辞的责任。环境行政主管部门在这些领域具有绝对优势，包括环境治理专业信息的获取、治理技术治理经验的应用、对生态环境政策法律的理解以及专业技术人员的配套机制。政府应该在以上方面通过行政指导等方式，为企业推荐新技术、新方法、新工艺、新设施，并提供优质、前沿的环境信息咨询服务，以保证企业能够履行好主体责任，实现符合法治要求的绿色可持续发展。

（二）社会组织和公众的参与责任

1. 学习、宣传的责任

环境资源是共有物品，所有社会成员都有权利用，也都有责任保护，环境治理关涉人类的所有组织，最终作用于每个人。参与式治理需要解决的是"参与"的定位。参与不同于决定，否则代议将失去意义，更不同于旁观，否则形同虚设。"参与"可以比作一个大机器上成千上万个零部件，虽然不是发动装置，但是每一个零件缺失都可能导致机器发生故障。

政府、企业、社会组织，任何一种构造，最基本的组成都是人。政府的规章制度、企业的决策都是通过具体的个人行为来实现。环保知识、生态意识、人类共同体责任感，一定会最终通过各种行为方式投射出来，是每个个体不论承担任何一种社会角色，在面临选择时都会对行为产生影响的重要因素。如果每个社会成员都意识到自己有责任参与环境治理体系，都认为自己是环境治理体系中的一员，那么"多元共治"才真正有了现实基础。

2. "环境保护，从我做起"的行为责任

如果在网上看到球赛或者演出结束之后体育场馆里垃圾遍地、脏乱不堪的照片，很多人都会愤怒抨击，但是假如有一天自己身临其境呢？会在享受视听盛宴的同时记得保护公共环境吗？还会把垃圾装在袋子里并随身带走吗？海洋生物被塑料垃圾填满脏腑而亡的照片更让人震撼，可是每个人在看了之后都会自觉不乱扔塑料袋吗？做到，是一件不容易的事情。参与环境治理体系，对个体来讲，最基本、最核心的方式是自己做到。继而通过宣传、倡导绿色消费的方式，动员全社会参与到推动环境治理、解决环境问题的行动中来。

3. 监督的责任

政府的主导责任、企业的主体责任，不仅是责任上、道德上的要求，还必须置于有效的监督体制之下。检举、揭发、举报企业的环境违法行为，通过申请复议、提起诉讼等方式监督环境保护主管部门的懒政或者怠政，都是社会组织和公众的责任所系。

社会组织和公众的监督虽然不具有强制力，但是具备广泛性和长效性，是发现违法犯罪行为的重要线索来源，因此，必须给予社会组织和公众参与的机会、反映问题的渠道，这是环境治理的活动和过程中，治理规则和机制的必要组成。和其他治理活动一样的是，环境治理的价值取向是经济、效率、公平、合作的平衡，区别在于环境治理更加突出协调与发展。为实现这一目标，需要政府加强推进信息公开制度，健全公众参与机制，尤其是环境主管部门必须加强与公众的沟通，才能真正实现公众的参与和监督。环境信息公开制度中还需要注意企业环境信息的公开，包括细化公开的主体、内容、载体，以及监督机制和法律追责制度。社会发展到了新的阶段，大数据、信息化成为各种社会关系中的通用工具，政府、企业、公众各主体之间的沟通协商也应当充分利用这些工具，实现更加快捷、准确、有效的目标。

另外，要发挥社会组织和公众的监督作用，还要注重对生态环境保护的基层组织和民间组织的培育和扶持，加强登记和规范管理、推进这些社会组织的自身能力建设。同时，完善生态环境保护的公益诉讼制度、公众参与机制，提高公众参与的专业程度，扩大公众参与的广度和深度，构建公众依法有序参与环境行政治理、立法和规划制订、监督行政等环节的制度和程序。

（三）环境治理体系中的政府主导责任

环境污染是现代社会人类面临的共同难题，人类从自然界攫取发展与进步的资本，同时也付出了相应的代价。解决环境污染问题是各国政府必须履行、不可推卸的职责，这既是每个国家文明发展的必然要求，更是人类代际更迭的宿命。当代中国，生态价值观越来越广泛地融入政府行为的考量之中。政府在环境治理体系中的主导责任就在于，政府有责任有能力将环境治理纳入国家意志的规范化和制度化的轨迹中，使得环境治理不只是理念、是目标，更是规则、是行动。政府的主导并不是单一责任，其中有领导，有引导，有督导。

1. 政府负有统筹领导环境治理全局的责任

环境问题具有高度的社会性，环境治理应从社会发展整体格局、整体效益的角度构建相关法律制度，完善相关社会政策。政府行使国家行政权力，环境保护是现代政府的基本职能之一，并赋予其与之相适应的职责、职权以及管理手段，因此，对环境治理政府具备总揽全局、统筹领导的能力。

首先，政府的领导责任必须始终贯彻行政法的基本原则。依法行政原则、行政合理性原则、正当法律程序原则、信赖保护原则等基本理念，是行政法理论和制度的基石，政府行为必须符合各项基本原则的具体要求，环境行政治理尤其要以行政法基本原则为制订和实施治理方案的根本指导，环境行政治理需要通过各种行政行为去实现，新的治理模式下，既需要对已有的行为方式进行改革，以适应新的职能新的要求，更需要不断探索符合时代发展的治理新方式。坚持依法行政，不断提升环境行政治理执法能力和水平。首要的是认真贯彻习近平总书记的要求，"重点是解决执法不规范、不严格、不透明、不文明以及不作为、乱作为等突出问题"[1]，深化生态文明体制改革，完善环境治理体制，统一生态环境行政执法。不断加强依法行政能力建设，完善执法程序、执法效能等配套制度，全面落实生态环境执法责任制，提升执法队伍水平与能力，提高执法质量。

其次，政府的领导责任通过行政立法、行政规划等具体方式实现。抽象行政行为往往是具体行政行为的依据，具有普遍的约束力，在有效期内通过反复适用来发挥持续的作用，当然，依据违法或者不合理，破坏的范

---

① 习近平：《加快建设社会主义法治国家》（2014年10月23日），载习近平：《论坚持全面依法治国》，中央文献出版社2020年版，第114页。

围更大，后果更严重，所以必须遵守行政法的基本原则，保障行政立法合法、科学、合理。环境治理的治理目标、治理原则、治理途径、手段方式等要素都需要进行明确规范，宪法、法律确立了基本框架，这些具体问题更多的是通过政府的行政立法来落实，并以各级政府部门的相关政策为补充。完善行政立法，亟须尽快补充制定相关行政程序法及实施细则，明确规定多元化环境治理体系的组成机构、要求、各方责任等事项。一方面，规范公众保护环境的义务，畅通公众环保参与渠道，切实保障公众参与和监督环境治理的权利；另一方面，结合各地区环境特点、经济发展水平以及科学技术条件，对环境行政治理提出具体要求和评价标准，因地制宜解决环境行政治理中的实际问题。

规范内容需要具体的落实，而规范与实施之间需要一个必要的连接点，这就是政府的行政规划。大到一个国家，小到一条街道，现有的环境状态如何评价，未来可持续发展的环境容忍度如何计量，如何利用开发才是最绿色高效的方式，如何预测和管理环境风险才能达到低成本高收益的保护效果，所有这一切都是政府行政规划需要考量的，也是通过行政规划方案确定的区域发展个性彰显的对环境的关注。一方面，行政规划是环境法律规范在每一个区块的着陆点；另一方面，行政规划又是社会各方主体行为的起始点。行政规划能否体现生态价值，直接关系到区域环境治理的效果，而且规划是事先绘制蓝图，防控污染的发生远远比污染后治理更加经济有效。

2. 政府负有引导"多元共治、公私合作"的责任

"治理的目的是在各种不同的制度关系中运用权力去引导、控制和规范公民的各种活动，以最大限度地增进公共利益……它包括必要的公共权威、管理规则、治理机制和治理方式"①，在环境治理体系中，需要政府带领企业、社会组织和公众等其他参加者寻找并固化对未来的预期，从而促

---

① 俞可平：《论国家治理现代化》，社会科学文献出版社 2014 年版，第 21 页。

进其实现对自我的约束与激励，变被动被迫被管制为主动改变自身的发展方式，这是实现多元共治的基础。

首先，行政指导是政府引导多元参与环境治理体系的基本路径。行政指导是现代行政法中合作、协商的民主精神发展的结果，也是现代市场经济发展过程中对市场调节失灵和政府干预双重缺陷的一种补救方法。行政指导的典型特征是政府通过建议、协商、帮助等方式实施非职权的行为，行政相对人之后的作为或者不作为完全出于自愿，也就是说，对政府的行政指导不具有必须服从的义务，而是取决于行政相对人的自由意志。新的环境治理模式需要企业、社会组织和公众的参与，参与是共治的基础，而参与不是强制的，需要通过柔性的管理方式帮助上述主体主观上认识到参与环境治理的重要性和责任，而后积极主动地完成合作、共治。

其次，行政协议是环境治理模式中公私合作的本质关系，是合议、协商等行政民主精神的体现。保护和改善生活环境与生态环境是政府的基本职责，是公权力的事务范围，属公法调整，其行政目标是维护公法上的环境公共利益。在一元式单向式环境管理已经无法解决现有问题的时候，环境治理必须依托公私合作的方式，而这时候，公共目标、公共利益必须转化为具体的权利义务，才使得合作成为可能，行政协议正是实现这一转化的枢纽。

当今世界各发达国家环境治理领域的一个主要探索方向，就是 PPP 模式（Public Private Partnership），在这种模式下，公私双方以协议的形式实现利益共享、风险共担，政府在管制中纳入社会和市场因素，私人主体从纯粹的市场逐利型向参与提供公共服务型转换。在这种协议关系中，既有自愿诚信、全面履行的基本要求，也有为实现公益优先的行政优益权的运用。以第三方治理为例，为了治理环境污染，政府通过行政委托、政府采购等方式与专门的环境服务公司签订行政协议，即以协议为基础确定各方的污染治理权责。

3. 政府对环境治理体系中各参与方的行为负有督导责任

从我国生态环境监管的现实来看，政府仍然是我国最主要的环境监管主体。政府依然是环境治理的"第一责任人"，中央政府负责监察，即监督、督察，这是行政机关内部监督制度，是为了保证行政管理系统正常有序运行的一种自律行为；地方各级人民政府负责监管，即监督和管理，是行政机关对企业等组织和个人的外部性控制，是公共机关对具有社会价值的活动进行持续而集中的控制。同时，这也是《环境保护法》的明确规定，"国务院环境保护行政主管部门，对全国环境保护工作实施统一监督管理；县级以上地方人民政府环境保护主管部门，对本行政区域环境保护工作实施统一监督管理。县级以上人民政府有关部门和军队环境保护部门，依照有关法律的规定对资源保护和污染防治等环境保护工作实施监督管理"。

在多元共治的环境治理体系中，政府依然是监督主体，而且这种监督必须符合法治框架下良法善治的要求，并能够从根本上体现社会主义生态价值观。党的十八届五中全会提出、十九大再次强调的"共建共治共享的社会治理格局"，也对"监督"提出了全新的要求。从法治的出发点"理性人"来探讨，对环境治理体系的其他参与者——企业、社会组织、公众而言，趋利避害是理性人的天性，政府采取职权强制型监管不如采用激励引导型监管，更能实现自上而下的管制化道路与自下而上的自主化道路的共进。

在"从统治到治理"的过程中，因实现秩序的权威发生了变化，故而软法的作用明显加强，灵活和创新型的监管方式也随之推广。因此，笔者将政府在环境治理体系中的监管职能表述为"督导责任"，用以体现"治理"模式创新和监管方式改革的阶段性成果。

首先，行政许可、行政强制、行政处罚等传统的管理方式依然不可或缺。在市场准入资格评价指标中，严格恪守生态高压线，项目许可除了已有的环境影响评价、排污许可等事项，还必须对区域环境可持续性发展有预先判断，许可不仅是对个项的批准或拒绝，也是对区域发展导向的指引。这是因为生态环境领域的监管与其他领域不同，等发生了生态环境损害再进行事后的救济和监管往往为时已晚，生态环境修复的经济成本和时间成本都无比巨大，甚至修复无望。行政强制、行政处罚是对环境违规、违法行为的制止和追责，刚性监管手段在社会转型时期依然要用，而且要依法严用，坚决制止生态破坏行为。目前监管体制中依然存在一些问题，需要有针对性地进行改革，但政府监管的职能仍然是环境治理体系中的政府责任的重要组成部分。

2018 年 3 月，中共中央印发《深化党和国家机构改革方案》，明确指出"建设生态文明是中华民族永续发展的千年大计，必须树立和践行绿水青山就是金山银山的理念，统筹山水林田湖草系统治理"，组建自然资源部，其主要职责是"对自然资源开发利用和保护进行监管，建立空间规划体系并监督实施，履行全民所有各类自然资源资产所有者职责"，同时组建生态环境部，其主要职责是"拟定并组织实施生态环境政策、规划和标准，统一负责生态环境监测和执法工作，监督管理污染防治、核与辐射安全，组织开展中央环境保护督察等"。也就是说，自然资源部负责自然资源的开发、利用和保护的监管，发现有自然资源环境损害即主张和履行所有者职责，有权要求追责、赔偿；生态环境部作为生态环境保护政策制定和执法部门，负责环境损害案件的查处。这是从体制构架上完成了"从监管生产者到监管环境要素、统一行使全民所有自然资源资产所有者职责"的改革。

其次，环境行政约谈机制可以作为政府在环境治理体系中的新型监管方式。这是软法思维在行政执法领域的方法创新。原环保部 2014 年 5 月发布了《环境保护部约谈暂行办法》，建立了一个约谈体系来监督政府和企业，创造了环保约谈模式。所谓约谈是指环保部门约见不履行环境保护职责或履行职责不到位的地方政府及其相关部门负责人，依法进行告诫谈话，指出相关问题，提出整改要求并督促整改到位的一种行政措施。这种措施采用的形式是约谈会面，以谈话为其主要工作方式，在谈话过程中指出被约谈方的相关问题，提出要求和告诫，并督促整改。约谈并没有设置任何明确的强制性义务和后果，这种机制效果的实现更多取决于约谈这一形式本身所带来的一种压力，对于被约谈方，将要面对公布事项、媒体参与、公众关注等方面的压力，由此产生的内在动力反而比强制性措施更有利于问题的改进。

第三章

环境治理体系中政府的统筹协调

　　生态环境治理是我国现代化建设过程中的重要课题。"十三五"期间，我国的生态环境治理取得了重大成果。党的十八大以来，发展理念从"高速度发展"转为"高质量发展"，政府工作更注重"统筹协调"，治理工具从"行政控制"转为"合作共治"。在生态环境领域，加快构建绿色治理体系和治理能力是当前重要的课题。未来中国最大的革新之一是绿色创新，而最大的变革之一是绿色革命。我国目前正处在这种规模巨大的绿色变革的黎明期、发动期。党的十九大以来，我国对主要矛盾的认识转变为人民日益增长的美好生活需要和不平衡不充分的发展之间的矛盾，社会各界对绿色生态的需求越来越旺盛。因此，我们必须坚持构建资源节约型与环境友好型社会，把绿色发展的思想理念渗透到社会生活的方方面面，贯彻绿色生态富民、惠民的方针，着力为我国民众创造更多优质生态产业，努力建成政府、企业与社会公众协调共治的绿色治理体系。

　　政府积极履行环境保护义务、承担环境监督管理的职责，是责任政府的重要体现，这也构成了政府环境责任的理论基石。就实质意义而言，一个政府唯有为维护人民权益提供强有力的保障，以促进或完成社会意志为目标，并切实承担责任才是最符合理性、道德要求的，也才是最合法的。责任政府是负责任的政府，在社会主义生态文明建设的进程中，政府要加快法治政府、服务型政府的建设。其中，政府担责的主要方式为主动履行法律法规明文规定的生态环境保护职责，并承担因失职导致环境问题与生态损害的追责结果。党的十八届三中全会通过的《中共中央关于全面深化改革若干重大问题的决定》，在地方人民政府主要职能的表述中增加了"环境保护"。这意味着地方政府在环境保护中的责任进一步强化，这也是"责任政府"题中应有之义。

环保问题有着高度的社会性，关涉民生，因此，政府在环境治理中不仅要落实法律制度的具体规范，更要高瞻远瞩，从经济社会发展总体布局、整体效益出发，构建环境行政治理的法律规范体系，健全环境行政治理的法律执行制度，统筹经济社会发展与环境治理，协调各方力量，制订合理的环境行政规划，带动社会各界共同建设美丽中国。这也是党的十九届五中全会提出的"十四五"时期经济社会发展指导思想和必须遵循的原则，即统筹推进经济建设、政治建设、文化建设、社会建设、生态文明建设的总体布局，坚定不移贯彻创新、协调、绿色、开放、共享的新发展理念。

在法治政府的总体要求下，政府统筹协调环境行政治理也应当坚决遵照依法行政、程序正当、禁止不正当联结、信赖保护等行政法的基本原则。这些原则是行政法理论和制度的基石。

党的十八届三中全会基本确立了我国改革的总基调，明确了我国经济体制改革的重大战略方向，包括改革体制、转变政府职能、改革企业财税体系等。会议将深化社会主义生态文明体制改革作为六条主线之一，更加明确了社会主义生态文明体制建设在改革中的关键地位，从"资源所有权、应用管理、生态建设红线、有偿利用、生态补偿、管理体制"几方面入手。在深化改革、加大释放红利等新形势下，实现生态环境保护的体制机制建设的重大突破。

一、政府统筹协调的方式

（一）环境行政规划

国家治理需要制订各类规划，以期实现国家有序发展。现代以来，在给付行政理念下，政府不仅要承担生存照顾的职责，还要向公民提供公共产品，因此，政府职能开始向社会各个领域扩张。为了将有限的资源进行合理高效的分配，政府需要在社会、经济、政治、文化、环境等各个领域制订各种规划，对履行政府职责的方式、步骤等进行预先安排。因而规划成为现代国家为实现政府职能所普遍使用的一种行政手段。政府规划的制订和实施是否科学、合理不仅影响一个国家治理的效果，更直接影响广大公民的权利保障。因此，行政规划成为当代行政法学研究中一个非常重要的分支。

政府的环境行政规划指政府基于对环境污染现实情况的全面把握，做出一定时期内保护生态环境、治理污染的部署、安排。长期以来，我国环保资金投入与治污需求之间存在较大差距，对环境基础设施的投入，如城市给水排水管网、城镇黑臭水体治理、污水垃圾处理、污水再生利用、区域重金属综合整治、环境监管能力建设等方面历史欠账较多。近年来，国家经济转型升级，淘汰了一部分落后产业，国家和地方政府的财政收入增幅明显下降。为扶持新兴经济发展，刚性资金需求量也呈逐年上升趋势，因此中央财政减少了专项转移支付，而增加了一般性转移支付。受环保投入不够影响，目前多地污水处理厂超负荷运转，提升与改造速度缓慢，须增加环保资金投入。

《"十三五"生态环境保护规划》中确定的目标是，到 2020 年，我国整体的生态环境质量总体改善。生产与生活方式绿色、低碳水平上升，主要污染物排放总量大幅减少，环境风险得到有效控制，生物多样性下降势头得到基本控制，生态系统稳定性明显增强，生态安全屏障基本形成，生态环境领域国家治理体制和治理能力现代化取得重大进展，生态文明建设水平与全面建成小康社会目标相适应。

"十三五"生态环境保护主要指标

指　标		2015 年	2020 年	〔累计〕[1]	属性
环境要素质量					
1. 空气	设区市以上城市[2]空气质量优良天数比率（%）	76.7	>80	—	约束性
	细颗粒物未达标设区市以上城市浓度下降比率（%）	—	—	〔18〕	约束性
	设区市以上城市重度及以上污染天数比率下降（%）	—	—	〔25〕	预期性
2. 水环境	地表水质量[3]优于Ⅲ类水体比率（%）	66	>70	—	约束性
	地表水质量劣Ⅴ类水体比例（%）	9.7	<5	—	约束性
	重要水域水功能区水质达标率（%）	70.8	>80	—	预期性
	地下水质量极差比例（%）	15.74	15 左右	—	预期性
	近岸海域优良水质占比（%）	70.5	70 左右	—	预期性
3. 土壤环境	受污染耕地安全使用率（%）	70.6	90 左右	—	约束性
	污染地块安全使用率（%）	—	90 以上	—	约束性

续表

	指　标	2015 年	2020 年	〔累计〕	属性
4. 生态状况	森林覆盖率（%）	21.66	23.04	〔1.38〕	约束性
	森林蓄积量（亿立方米）	151	165	〔14〕	约束性
	湿地存蓄量（亿亩）	—	≥8	—	预期性
	草原综合植被覆盖率（%）	54	56		预期性
	重点生态功能区县市生态环境状况综合指数	60.4	＞60.4		预期性
污染物排放总量					
5. 主要污染物排放总量降低比率（%）	化学需氧量	—	—	〔10〕	约束性
	氨氮	—	—	〔10〕	约束性
	二氧化硫	—	—	〔15〕	约束性
	氮氧化物	—	—	〔15〕	约束性
6. 区域性污染物排放总量降低比率（%）	重点地区重点行业挥发性有机物[5]			〔10〕	预期性
	重点地区总氮[6]			〔10〕	预期性
	重点地区总磷[7]			〔10〕	预期性
生态保护修复					
7. 国家重点保护野生动植物保护率（%）		—	＞95	—	预期性
8. 全国自然岸线存蓄率（%）		—	≥35	—	预期性

67

续表

指 标	2015 年	2020 年	〔累计〕	属性
9. 沙化土地新治理面积（万平方公里）	—	—	〔10〕	预期性
10. 水土流失新治理面积（万平方公里）	—	—	〔27〕	预期性

注：1. "〔　〕"内为五年总数。

2. 空气质量评价覆盖全国 338 座城市。

3. 水环境质量评价覆盖全国地表水国控断面，断面数量增加 968 个。

4. 为 2013 年数据。

5. 重点地区、行业挥发性有机物全国排放总量下降 10% 以上。

6. 对沿海 56 座城市及 29 座富营养化湖库实施总氮总量控制。

7. 总磷超标的控制单元以及上游相关地区实施总磷总量控制。①

"十三五"时期环境污染的防治攻坚战总体成绩斐然，生态环境质量出现了全局性乃至历史性的变革。这一时期，政府及社会各界主体牢牢地树立了"绿水青山就是金山银山"的理念，辩证地看待经济发展与环境保护，加速推进高质量经济建设，推进社会主义生态文明建设，以解决生态环保领域的突出难题为重心，深入推行环境污染防控计划。"十三五"期间，生态环境品质明显提高，环保领域可持续发展能力进一步提升，节水减排进展明显，资源利用效率明显提高。根据生态环境部的统计，"十三五"期间，我们取得的生态文明建设的成果有：

1. 污染防治攻坚战阶段性目标顺利完成

大气污染防治成效显著，化学需氧量排放总量累计减少 13.8%、氨氮减少 15%，二氧化硫减少 25.5%、氮氧化物减少 19.7%，细颗粒物

---

① 《国务院关于印发"十三五"生态环境保护规划的通知》，中国政府网，2016 年 12 月 5 日，http://www.gov.cn/zhengce/content/2016 – 12/05/content_ 5143290.htm。

（PM2.5）未达标地级及以上城市浓度累计下降28.8%，地级及以上城市空气质量优良天数比率达到87%。"大气十条"和蓝天保卫战目标基本实现，全国燃煤电厂超低排放技术改造任务超额完成，北方地区清洁供暖工作积极稳妥实施，京津冀等重点区域空气质量明显好转。

碧水保卫战成效显现，地表水达到或好于Ⅲ类水体比例提高到83.4%，劣Ⅴ类水体比例降至0.6%。长江、黄河流域等重要流域地区环境污染综合治理工作加速实施，大江大河干流水质稳定好转，城市饮用水水源地环境保护水平不断提高，地市级及以上县城建成区黑臭水体的消除比例已达到96%，河长制湖长制改革全面开展，近岸海域污染治理力度不断加强，围海造地和侵占自然海岸线的开发活动被严格限制。

净土保卫战各项管理工作扎实开展，圆满完成了农作物、建设用地土壤污染现状详查；重点行业生产建设用地土壤污染现状调查等各项工作稳妥开展；农田周围涉及重金属行业排查整改工作、城镇人口密集区危险化学品生产企业搬迁改造专项工作取得阶段性胜利；全国基本实现固体废物零进口目标。

2. 生态系统质量和稳定性进一步改善

"十三五"期间，我国主要功能区格局和重要生态安全屏障加快建成，生态保护红线、永久基本农田、城镇开发边界三条控制线的规划工作进一步实施。耕地资源得到有效保护，耕地保有量和新增建设用地规模控制在规划目标内。以国家公园为主导的天然保护地制度加速建立，三江源等10处国家公园试验顺利开展。国土绿化行动有序实施，我国林木蓄积量达到了超175亿立方米的成绩，森林覆盖率超过23%，将天然林资源全面列入国家保护范畴，新增水土流失综合治理面积30.6万平方公里，草地荒漠化、沙化、石漠化的势头得以初步控制。海洋生态安全屏障更加稳固，已整治并恢复了海岸线1200千米左右、沿海湿地面积34.5万亩，营造红树林5.5万亩。生态廊道和生物多样性保护网络不断完善。内陆的七大重要流域禁渔期制度也实现了全面覆盖。

3. 绿色经济发展方式和生活方式逐步形成

能源生产消费革命取得突破性进展。"十三五"期间燃料消费需求总量限制在 50 亿吨标准煤以内，单位 GDP 能耗累计减少 13.2%，非化石类能耗占一次性电能购买消费比重增加到 15.9%，消费需求增量的 60% 以上为洁净能源供应，单位 GDP 二氧化碳排放累计下降 18.8%。最严格水资源管理制度和节水型社会建设全面推进，万元 GDP 用水量累计下降 25%，高耗水行业和园区节水改造持续推进，农田灌溉水有效利用系数达到 0.56。盘活城镇低效用地等存量建设用地成效显著，国有建设用地使用权二级市场不断完善。工业园区循环化技术改造、资源循环利用产业基地建设等工作扎实开展，城市垃圾与资源再生利用系统加速建设，废弃物资源化利用水平大幅提升。环保设施不断完善，城市污水处理率超过 96.8%，生活垃圾无害化处理率超过 99.2%，全国农村卫生公厕普及率超过 68%。创建绿色生活行动全面开展，全国 46 座重点城市已基本建立了生活废弃物的分类处置体系，节约粮食、遏制餐饮浪费，简单适度、绿色低碳、文明健康的生活理念在全社会已深入人心。

4. 生态文明制度体系加快形成

"十三五"期间，源头严防、过程严管、损害赔偿、后果严惩等生态文明基础制度框架初步建立。"多规合一"的国土空间规划体系初步形成。自然资源资产产权制度改革积极推进，国土空间开发保护日益加强。环境治理体系改革纵深推进，中央生态环境保护督察制度建立实施，省以下环保机构监测监察执法实行垂直管理，实现固定污染源排污许可全覆盖，党委领导、政府主导、企业主体、社会组织和公众共同参与的环境治理体系初步建立。资源有偿使用和生态补偿制度持续推进，环境保护税、绿色金融、碳排放交易等绿色经济政策制定实施。生态文明绩效评价考核和责任追究制度基本建立。①

党的十九届五中全会高度评价了决胜全面建成小康社会取得的决定性成就，特别是"十三五"时期污染防治力度加大，生态环境明显改善。全会提出了"十四五"时期经济社会发展主要目标，这就是：生态文明建设实现新进步，国土空间开发保护格局得到优化，生产生活方式绿色转型成效显著，能源资源配置更加合理、利用效率大幅提高，主要污染物排放总量持续减少，生态环境持续改善，生态安全屏障更加牢固，城乡人居环境明显改善。到二〇三五年基本实现美丽中国的建设目标，绿色生产生活方式广泛形成，碳排放达峰之后稳中有降，我国生态环境实现根本好转。这也为新时期政府对环境治理的统筹协调提出了新的要求。

（二）环境行政立法

1. 坚持宪法和环境法律的统制

2014 年修订的《环境保护法》将政府的环境责任提高到法律层面。新修订的《环境保护法》把"地方政府环境质量负责制"写入总则，并对地方政府及其部门的环保职责做出了一般规定。该法通过规定政府的法定职责、环境保护目标责任制、考核评价制度、限期达标制、社会监督几个主要方面来督促政府承担环境保护责任。2017 年 10 月，党的十九大就"加快生态文明体制改革，建设美丽中国"做出了新的重大部署；2018 年 3 月 11 日，第十三届全国人大第一次会议通过的宪法修正案，将建设"富强民主文明和谐美丽的社会主义现代化强国"目标作为国家的根本任务写入《宪法》序言，将"领导和管理生态文明建设"作为国务院的一项重要职权纳入宪法［第八十九条第（六）款］。

在现代给付政府的理论下，我国将逐渐把行政主体垄断的职权，如环

---

① 《"十三五"规划实施总结评估报告——生态环境篇》，中国政府网，2021 年 7 月 28 日，https://www.ndrc.gov.cn/xxgk/jd/wsdwhfz/202107/t20210728_1291933.html？code = & state = 123。

境保护、公众福利给付等分享给社会主体；通过授权立法，并采取委任和交办等方法，逐步移交其在环境保护方面的公共职责。由此突破了原来的环保法律规则的桎梏，进入了环境治理的"公私结合"的阶段，也即环境治理的"任务私人化"。① 但如前所述，环境保护职能的分享，并不意味着环境保护的公众事务正式脱离了我国宪法和法律的监督范围，更不意味着政府部门可以推卸其在环境保护公众事务管理方面的法定职责。因此，环境治理仍应严格遵循依法治国的理念，努力建设法治政府。必须明确的是：政府部门的所有活动都应当在宪法和法律规范的框架下进行，所谓"法治之下，权自法授"②。

多元环境治理体系的构建正是行政主体将传统的环境保护职权逐渐转向社会、公众的一个契机。中共中央办公厅与国务院政府办公室在 2020 年 3 月 3 日颁布的《关于构建现代环境治理体系的指导意见》，在进一步强化政府部门统筹领导关键作用的同时，还明确提出了深化企业的主体作用、更好地动员社会团体与公众共同参与的策略，以期达到政府部门统筹协调与社会自我调节、企业自主管理的良性互动，使今后政府在进行环境治理工作时不再陷入"全有全无"的干预模式困局。公私协同的多元管理体制也为我国环境治理活动的发展创造了诸多机会。但是，在我国以"公私合作"、行政权力委派、行政助手等方式进行的环境治理活动，都应当在宪法和环境保护的法律规范的严格验证与规制下实施。

2. 通过行政立法限定公私合作范围

多元合作的环境治理方式不同于传统的环境管理，不但可以合理扩大行政机关承担环保责任的制度空间，还可以调动行政部门的能动性。只是当公私合作的治理范围过宽时，环境公共利益可能会遭受损害。但这并不

---

① 肖磊：《公私合作环境治理法律规制及其展开》，《中国矿业大学学报》（社会科学版），2021 年第 3 期，第 77 – 79 页。

② 石佑启、杨治坤：《中国政府治理的法治路径》，《中国社会科学》2018 年第 1 期，第 66 – 89 页。

能全盘否定公私合作的环境治理方式，而是需要通过法律规范对可以进行公私合作的范围予以限定，以防止公权力主体利用公私合作的方式逃避自己的公共职责，也要防止公权力主体和私权利主体通过公私合作的方式合谋共同侵害社会公共利益。实践证明具体公私合作事项的逐一列举难以穷尽现实的需要，因此，基于对此类事项特征的总结的法律规则成为必需。立法者还应尽力阐明法条中规定的这些特征的含意，为适应公私各方的利益诉求提供基本遵循。

二、政府统筹协调的基本遵循

（一）统筹协调需依法行使权力

在法治社会中，"权利"和"权力"的运行规则明显存在着巨大差异。权利所遵循的规则是法不禁止即自由，最大限度保护公众权利，而权力的行使则受"法无授权即禁止"的约束，两者的本源不同决定了这种差异的必然存在。权利源自社会本体，是由人作为社会本体的特殊地位所决定的。法律所规定的权利只是民众重要权益的一部分，而那些未被法律明确规定的权利仍然为人民所享有。因而对权利而言，乃是"法不禁止即自由"。与之不同的是，权力的来源不是社会本体，而是由社会公民个人权利派生而来。"人民是权力的唯一合法源泉"和"原始权威"。[①] 由于这种衍生出来的公共权力具有异化的可能性，所以权力必须受约束，从而对权力主体来说，"法无授权即禁止"。近代以来，法治成为社会运行的基本遵循，为防止公权力的无限扩张，诸多国家都在宪法中规定政府的权力必须受法律的约束，此处的法律指由代表公民的立法机关通过法定程序制定的法律。因此，法律的授权是政府权力的正当性来源，在法律之外，权力便没有存在和行使的正当理由。因此，"权力法定"是现代公法理论的一项

---

① ［美］汉密尔顿·杰伊·麦迪逊：《联邦党人文集》，程逢如等译，商务印书馆1980年版，第257页。

基本原则。

在环境治理体系中，政府一方面要发挥统筹协调的作用，另一方面政府所有的统筹协调行为必须运行在法律框架下，这是职权法定原则在该领域的具体表现。① 职权法定一般包含三方面，一是职权来源法定，二是权力行使方式法定，三是越权无效。② 职权法定是政府发出行政行为时的基本原则，在行政处罚领域表现为"处罚法定"，在行政许可领域表现为"许可法定"，在统筹协调环境治理中，职权法定则具体表现为行政立法和行政规划职权法定。行政职权法定要求在环境治理的统筹协调中必须遵守以下规则。

1. 环境行政主体职权的来源合法

政府统筹协调环境行政治理必须以享有行政职权为基础，无职权则无行政。政府行政治理职权的来源必须合法，即政府职权的设定必须有法律依据。以行政规划为例，政府统筹协调环境治理行政规划的过程大体可分为确定目标、拟定规划、确定规划三个阶段。在这三个不同的阶段中，行政机关的职权表现为不同的形态，而不论在哪一个阶段，政府的行政规划职权都必须有合法来源。但是，我们也应当意识到，当前正处于政府职能转变的弯道，需要政府介入的事项持续扩张，这些行政事项不能完全被有一定滞后性的立法包含，因此立法难免出现缺位。再加上部分事项专业性和裁量性较强，立法机关难以做到细致规范，行政机关的行为往往"无法可依"。因此，在现代法治国家，职权法定原则并不总是在强调行政机关完全恪守职权法定原则，而是更多地在限制公民权利时被提起，强调"侵害保留"。当行政机关赋予公民权利或利益时，则并未严格遵守"职权法定"原则，实质上，我们也应当意识到政府给予公民利益也意味着公共资源的分配，如不能纳入法治的框架下，则会出现资源分配不公的现象，政

---

① 周佑勇：《行政法基本原则研究》，武汉大学出版社 2005 年版，第 166 页。

② 周佑勇：《行政法基本原则研究》，武汉大学出版社 2005 年版，第 166 - 169 页。

府给予公民利益应用法律予以规范，遵循职权来源法定的规则。

2. 环境行政主体职权的行使合法

职权法定除了要求职权的来源合法外，还要求职权的行使合法。环境行政主体职权的合法行使具体包括以下几方面。

一是符合法定权限。环境行政主体的职权必须在法定的界限内行使。法定界限主要分为三种：①级别管辖权，即上下级之间的权力分配；②事务管辖权，即不同事务主体之间的权力分配；③地域管辖权，即不同区域行政主体之间的权力分配。政府在行使环境行政治理职能时应当按照上述的三项权力分工，否则将会因超出权力界限而产生越权无效的结果，甚至可能要承担一定的法律责任。也就是说，政府环境行政治理行为的法律效力的存续必须以权力合法行使为前提，如果权力运行脱离法律的轨道，它将在司法上永远站不住脚。因而对于行政主体越权实施的行政行为，人民法院及其他的有权机关可以撤销该行政行为或者宣布其越权无效。

二是符合法定事实依据。"以事实为依据、以法律为准绳"乃是一项基本的法律准则，该准则不仅适用于司法审查之中，同样也是对行政主体行使职权的要求。政府在行使职权统筹协调环境治理的过程中，发出一定的行政行为时，必须有事实依据。以事实为依据，不仅是政府合法行使职权的要求，也是政府科学履行职责的要求，违背现实情况的环境行政治理不可能是科学的行政治理。因此，行政主体无论是在确定规划及其目标、拟定规划内容还是制定法规规章的过程中，都应当本着实事求是的精神，从客观现实出发，做出合理的选择，而不能违背事实或者主观臆断。

三是符合法定程序。行政行为违法的情形之一即程序违法，程序合法也是对政府行使行政治理职权的基本要求。政府在行使行政职权统筹协调环境治理的过程中，必须遵守法定的基本形式、步骤以及期限等。在行政立法时，政府需严格遵循立法程序，努力完善立法程序中的双向交流机制，如政府部门在立法过程中的沟通机制、专家意见的听取程序、公众意见的反馈机制、立法方案的公示制度、立法确定后的变更程序。此外，在政府行使环境行政规划权的过程中，往往存在着"无法定程序可依"的状况，因此建立统一、规范、具体的环境行政规划程序将成为当务之急。

四是不得放弃法定职权。行政职权不仅有"权"的属性，还有"责"的属性，是政府权力和职责的统一体。行政职权"责"的属性要求行政主体不得放弃行使权力。① 放弃法定职权可以分为两种情形：一是消极地放弃行使行政职权，此种情形构成行政主体的不作为违法；二是违法转移行政职权。职权法定原则要求政府主体权力的来源应当法定，政府行政权力的转移也应该由法律规定，如行政许可和行政委托应当法定。在缺乏合法根据的情形下，以任何形式进行的行政职权转移都构成积极地放弃法定职权，无论是转移给上级或下级机关还是转移给其他的法律主体，均构成违法。在我国建设开发区的热潮中，很多开发区邻近地域的行政主体与开发区管委会签订托管协议，约定将管辖的部分地域托管给开发区管委会管辖。这实质上是一种没有法定依据的行政职权的转移行为，属于违法行为。

（二）统筹协调以效益为目标

效益是一种非常重要的法价值，它是促进人类文明发展的必需。② 经济性是社会法律的核心价值所在，这意味着效益必然是行政主体的行为所追求的价值之一。长期以来，"成本—效益"一直是企业管理的核心概念，政府的行为常常被认为是不计成本的，因此行政机关及其工作人员在提供公共服务时缺失这种经济理性。效益原则在行政法中的确立必然对行政法产生深远的影响，并对一些传统的原则产生冲击。如效益原则在一定程度上改变了传统的职权法定原则。按照职权法定原则，行政职权不得自由处分，因而行政主体不能放弃职权，不能就职权的行使方式与行政相对人进

---

① 周佑勇：《行政法原论》，武汉大学出版社2005年版，第128页。
② 卓泽渊：《法的价值论》，法律出版社1999年版，第204页。

行妥协。但是，效益原则在一定程度上要求对这一传统的做法进行改变，行政契约就是例证。如《德国行政程序法》第 54 条明文规定："公法范畴的法律关联只能透过契约成立、改变或废除（公法契约），但必须以与法律并无明显对立条款者为限。政府法规管理部门尤其应该与将做出行为的有关人，以订立公法协议代替行为的决定。"这一条款也确认了行政主体可采用行政合同的方式取代政府做出的行政决定。而在该法的第 55 条中则更进一步规定："对于第 54 条第 2 项含义上的公法协议，当政府经明智考虑了其现实内涵及其立法情形后，或借之以经过互相妥协而减少出现的不确定性（和解）时，可约定，并以政府按合同义务量所视为实现和达到目的者为限。"这进一步明确了在一定情况下，行政主体可以做出一定的让步或妥协，但这显然是不符合上述职权法定原则的要求的。这一规定之所以可以确立，原因就在于这样的处理方式更符合效益原则，可以避免出现行政主体的行政成本极大而执法收效甚微的情况。与《德国行政程序法》中上述条款相近的，我国台湾地区《行政程序法》也做出了相似的规定。[1]即行政主体可以为达行政目的，与行政相对人缔结行政契约，台湾地区《行政程序法》的这一规定同样也是效益原则的体现。政府统筹协调环境行政治理作为实现生态环境治理目标的重要方式，将效益原则作为其基本原则更是题中应有之义。

效益是指以相同的成本投入获得相似或更多的产出。效益既可以是数量的增加或速度的提高，也可以是二者同时具备。但值得注意的是，不管是以何种形态产生的经济效益，都一定是有所裨益的而不能是无效的；对主体是有益的而不是无用的。[2] 效益主要是指经济效益，但除此之外还包括社会效益、政治效益等。还有一些无法用经济分析方法评估与测算的无

---

[1] 我国台湾地区《行政程序法》第 136 条规定："行政机关对于行政处分所依据之事实或法律关系，经依职权调查仍不能确定者，为有效达成行政目的，并解决争执，得与人民和解，结行政契约，以代替行政处分。"

[2] 卓泽渊：《法的价值论》，法律出版社 1999 年版，第 205 页。

形效益,如文明的社会风气,等等。对企业而言,追求经济利益最大化的特点决定了其在运用"成本—效益"分析模式时主要的判断标准是经济效益是否增加。而行政主体作为公共服务提供者的角色决定了在借鉴运用企业管理的"成本—效益"分析模式时,不能是简单地套用该模型,而必须对其进行一定的改造,应将行政主体行为的社会效益等考虑在内。此外,行政主体作为公共服务提供者的角色决定了在计算行政主体的行为所产生的效益时应将对公共利益的效果、对相对人的效果和对第三人的效果均纳入其中。行政成本是对行政主体的行为进行"成本—效益"分析的另一大基本要素。行政成本,是指政府提供公共产品或服务的过程中各项投入的总和。行政成本一般包含人力、管理和物力等要素成本。同时,我们在运用"成本—效益"分析模式时,还可以引入"绩效"概念,即效益与成本的比值。我们在对行政治理的绩效进行评价时,可依据行政治理对公共利益的效果以及对行政相对人和第三人的效果的综合与行政成本的比值来进行。

效益的基本含义决定了效益原则必然要求行政治理的绩效大于1,即行政治理的效果大于行政治理的成本。在行政治理的绩效等于1时,说明行政治理的作用为零,而在行政治理的绩效小于1时,则说明行政治理是失败的。因此,行政治理的绩效也可以成为判断行政治理是否科学的一个重要标准。在该公式中,"效果"包含了正面的影响和负面的影响,如在某个行政治理中,由于忽视了行政相对人的权益而对该行政相对人不利,那么该行政治理对其效果就为"负"。最为理想的结果就是在绩效大于1的情况下,行政治理对公共利益、相对人和第三人的效果均为"正",而这也应是行政治理努力追求的目标。

当然,行政治理的效果除了经济效果外还包括其他方面,而有些效果很难进行量化,因而对行政治理的效果进行准确的评价并非易事。所以必须进一步探究如何完善行政治理的效果评价机制,以使行政治理的效益原则切实地发挥作用。

（三）统筹协调需保障公平

公平是指经济发展成果在所有社会成员之间分配的特性①，它一直是法律中的核心问题之一，而公平原则，也就成为处理社会成员之间关系的基本法律原则。作为法的基本原则，公平不仅体现为民法的基本原则，也同样体现在行政法领域，是行政主体实施行政行为所应遵守的基本准则。我国的《中华人民共和国行政许可法》（以下简称《行政许可法》）、《中华人民共和国行政处罚法》（以下简称《行政处罚法》）中都规定了公平原则。②

"公平"与"公正""正义"词义相近。但在长期的使用过程中，人们逐渐赋予"公平"以特定的内涵，如《行政许可法》将"公开、公平、公正"均作为行政许可法的基本原则，三者之间具有紧密的联系，相应地也应当具有必要的合理分工。这种分工在行政许可的设定和实施过程中体现为，公开是前提，公平和公正是追求的目标，这种分工贯穿于实体和程序两方面。③ 由此，本书将公平原则作为环境行政治理的基本原则时，也沿袭了公平原则的习惯用法，强调行政治理应追求实体上的公平。公平原则作为行政治理应遵循的基本原则，决定了政府在统筹协调环境治理全局的过程中应追求以下三种情况下的公平。

一是不同区域间的公平。统筹协调的过程也是一个对社会资源进行重新配置的过程，其结果可能导致不同区域间资源分配的不公。公平原则要求在行政治理中应追求不同区域间的公平。同时，不同区域间的公平也是坚持贯彻落实可持续发展理念的必然要求。

---

① 《公平》，《中国大百科全书》（第三版网络版），中国大百科出版社，https：//www. zgbk. com/ecph/words？SiteID＝1&ID＝117954&Type＝bkzyb&SubID＝99963。

② 《行政许可法》第五条规定："设定和实施行政许可，应当遵循公开、公平、公正的原则。"《行政处罚法》第五条规定："行政处罚遵循公正、公开的原则。"

③ 周佑勇：《行政许可法的理论与实务》，武汉大学出版社2004年版，第44页。

二是行政相对人之间的公平。在统筹协调环境治理过程中经常会牵涉多个相对人的利益甚至多方利益，公平原则要求行政机关做到同等情形相同处理。如在"退耕还林"的生态修复中需要对多个相对人的耕地进行征收征用，在确定征收征用的补偿标准时就应做到相对人之间的公平对待。补偿标准应与地价基本一致，做到"同地同价""不同地不同价"，而不能搞一刀切或歧视对待。

三是私主体利益与公共利益之间的公平。在环境治理行政行为中，私益与公益之间的公平，实质上是环境决策行政行为引起的少数利益受损者与大多数受益人之间的公平衡量。行政主体作为绝大多数人利益的代表，对公共利益加以整合、保障和分配是其基本任务。在环境规划中，行政主体可能会更多地面临损害私益与公益的权衡。在政府统筹协调环境治理的过程中，难免涉及公私合作主体之间的利益权衡。而为了谋求公益与私益之间公平价值的实现，当私主体的利益因为公共利益的考量而受到不利影响或侵害时，应将牺牲降到最低的程度，且不能仅由少数人来负担为实现社会公共利益最大化所必需的代价，而应该由公共利益的代表者政府来对作为利益牺牲者的少数人加以补偿，以此实现"公共负担平等"的局面。因而，保障环境治理中的私主体利益与公共利益之间公平价值的实现，需要对治理中的利益受损者进行补偿。

公平与效益的博弈是永恒的话题，政府统筹协调环境治理全局必然涉及公平与效率的取舍。美国法理学家博登海默这样说过："正义具有一张普洛透斯似的脸，变化无常。"① 换言之，正义有多个面向，而这并不意味着正义始终处于一种模糊不定的状态。为保障程序的公平公正，最基本的一点就是要设法避免某些人因偶然的机会得益或者权益受到侵害，所以政府做出环境决策时必须听取行政相对人的意见，必须将做出决定的依据、

① ［美］博登海默：《法理学、哲学及其方法》，邓正来等译，华夏出版社1987年版，第238页。

过程和结果公之于众，由此才能实现最终结果的公平。[①] 公平与效益并非完全对立的关系，二者之间是辩证统一的。政府为了保障公平的实现而加强了环境决策过程中公众参与的力度，一定程度上来说增加了行政成本，且拉长了行政决定的周期。然而从另一方面来说，正是由于公众参与的过程，促进了环境决策甚至各项行政决议的结果公平，提高了行政相对人对政府机关的信任度，减少了双方可能存在的利益摩擦，进一步提高了行政效率。

行政规划在一定程度上与行政立法类似，也具有规范的属性，只是规范性比较弱。行政立法是对已有的问题进行规制，行政规划是对未来设定目标并实现目标的一种措施。行政立法和行政规划涉及复杂的利害关系和对象，对于公平的关注度自然较高。要实现公平的价值追求，必须保证行政立法和行政规划的程序公开、透明和民主，防止行政机关恣意用权，为个别人牟利。因而，公平公正是政府统筹协调环境治理程序的重要落脚点和价值目标，只有公平的程序才能指向行政立法和行政规划的正当性。

现有的有关行政立法和行政规划的制定程序基本上遵循了公平优先、兼顾效益的原则。但这种价值取向在行政立法和行政规划中的制度体现又有所不同，在基本遵循公正优先、兼顾效益的基础之上，又根据具体的情况有所平衡，总体上呈现出此消彼长的格局。

（四）统筹协调需保护公众信赖利益

信赖利益保护即行政相对人因合理信赖行政机关做出的行政行为而安排自己的生产生活所产生的利益，行政机关一般不得撤销变更该行政行为，当因为公共利益而撤销或改变行政行为并损害该利益时，行政机关需

---

① 郭庆珠：《行政规划及其法律控制研究》，中国社会科学出版社 1993 年版，第141 页。

予以补偿。① 以上利益不仅包含行政相对人的投入成本，还包含期待利益。补偿的最终目标是将行政相对人的利益恢复到行政行为撤销或变更前的状态。信赖保护原则是诚实信用在行政法上的运用，其核心价值在于保障公民因为对政府行为的信任而对自己的财产、生活做的安排，是维护政府权威的必要条件。英国学者米尔恩甚至提出将诚实对待权作为一项人权加以确认，他认为，"诚实行为原则应贯彻在所有的共同体成员的一切交往中"。诚实信用原则的主旨是促进各方当事人之间或者各方当事人与整个社会相互之间利益的均衡，目的是维持整个社会安定与和谐地发展。诚信不仅仅是对私法主体的要求，更应是公法的精神，"苟无诚信原则，则民主宪政将无法实行"②。

信赖利益保护原则主要适用于对授益行政行为的撤销或废止的情况。在政府统筹协调环境治理中，以下两种情况涉及信赖保护原则的适用问题。

一是在环境行政规划的后续行政措施制定中，可能出现授益行政行为的撤销或废止，从而涉及信赖利益保护原则的运用。环境行政规划的总体目标一经确定，就必须确定一系列的后续性举措来达到该目标。而这些拟采取的后续性举措中，可能就牵涉授益行政行为的存废问题。常见如在城市垃圾分类的行政规划中，一些道路边有经城市管理部门批准的书报亭或者商铺，而由于垃圾站的建设，这些书报亭不能再继续经营，因而需要废止准许书报亭商铺存在的许可。这就涉及相对人信赖利益的保护问题。

二是在环境治理行政决策的撤销、变更中，可能涉及对行政相对人的信赖利益保护。环境治理决策是对未来一定期限内的部署和安排，这决定了其必然存在着一定的不可预期性，随着行政治理阶段的进展和总体形势

---

① 郑鑫红：《政府诚信视角下执法变动与信赖利益保护研究》，《领导科学》2020 年第 16 期，第 15 页。

② 罗传贤：《行政程序法基础理论》，台湾五南图书出版公司 1993 年版，第 65 页。

变化，可能需要对业已确定的行政治理方案加以改变甚至撤销。倘若不能撤销或者改变行政治理方案，则环境行政治理运用有限的公共资源实现污染防治、改善自然环境、推进生态文明建设促进社会发展的目标将难以实现。因而，治理方案的变更甚至撤销在某些情况下是势在必行的。但是，"如果允许政府擅自撤销、改变业已制订公布的行政规划，将有可能令相信既定规划的民众遭受无法预见的损失。所以，因相信政府规划而着手某些具体行动的国民，就应当有权请求政府保持现有规划而不做不利变更，即计划保持请求权"①。因行政规划的变更而对行政相对人的利益予以补偿的案例，在日本已有多起。主流观点一般认为，行政规划作为行政行为的一种，一旦做出，就会在行政机关和行政相对人之间形成信赖关系，因此也受信赖保护原则的约束。因而由于客观环境治理的需要而变更、撤销环境行政规划，导致行政相对人信赖利益的损失时，就必须进行合理的赔偿。

在某种程度上，信赖利益保护原则和依法行政原则之间存在着矛盾。因此，根据形式意义的依法行政准则的规定，政府必须撤销已经开始生效的行政行为，否则就意味着行政主体造成了公共利益的侵害。而且，尽管先前行政行为合法，但由于作为其产生前提和根据的法律事实已经发生变化，也必须予以改变或撤销，以满足依法行政的准则。那么，信赖保护原则与依法行政原则之间的矛盾如何纾解呢？美国的学者达尔·D. 贝勒斯认为应结合具体情况权衡，在特定环境下，有些原则优于另一些原则。

在特定条件下，信赖保护原则优于依法行政原则，但该原则的优先适用必须有严格的条件限制。"唯有通过科学的信赖保护的条件设定，对条件的准确把握，才能使信赖利益保护原则不对法治造成较大的冲击。"② 信

---

① 杨建顺：《日本行政法通论》，中国法制出版社 1998 年版，第 573 页。
② 石佑启、王贵松：《行政信赖保护之立法思考》，《当代法学》2004 年第 3 期，第 34－40 页。

赖利益保护原则的运用必须满足下列三个必要条件。第一，必须具有信任基础。即必须存在可以产生信任的行政行为。政府做出的环境行政行为一旦生效即对政府产生拘束力，不可轻易更改。公民方可按照此行政行为安排生产生活。第二，具备信赖行为。即行政相对人因信任政府做出的行政行为而采取了不可逆的行动。第三，信赖值得保护。即行政相对人对行政行为的信赖必须是善意并无过失；如果信任之建立因民众欺诈等原因，则该信任不值得被保护。①

保护信赖利益的方式主要有两种，一为存续保护，二为财产保护。存续保护即延续原有的行政行为，而财产保护是在因公共利益的需要撤销行政机关或变更原行政行为时，给予行政相对人合理的补偿。两种保护方式的选择适用取决于信赖利益与公共利益之间衡量的结果。当行政相对人的信赖利益明显超过公共利益时，就不能撤销或变更原行政行为；在相反的情况下，行政机关则可选择保护公共利益，但应给予利益相对人合理补偿。在行政主体决定环境行政治理的方案或手段是否需要撤销或变更时，信赖利益与公共利益之间的衡量由此产生，当行政相对人的信赖利益大于因环境治理需要而撤销或变更行政行为所维护的公共利益时，则应延续原行政行为；当行政相对人的信赖利益较小而行政治理行为的撤销或变更所维护的公共利益的价值凸显时，行政主体应变更或撤销原行政治理规划方案并给予行政相对人合理补偿。此外，有学者指出，基于对行政相对人的信赖利益保护，在因环境治理需要变更或撤销行政行为而影响行政相对人的信赖利益时，行政相对人就相应地具有"规划的存续请求权""过渡措施和补救措施请求权"以及"补偿请求权"。②

（五）统筹协调需注重公众参与

现代法治社会中社会公众参与政治活动，尤其是政治决策活动被视作

---

① 吴坤城：《公法上信赖保护原则初探》，城仲模主编：《行政法之一般是法律原则》（二），台湾三民书局1997年版，第241页。

② 章剑生：《现代行政法基本理论》，法律出版社2014年版，第410页。

民主政治的重要标志。行政法中的公众参与原则是指受行政权运行结果影响的行政相对人有权参与权力运行过程，从而起到对行政决策的影响作用。① 在现代社会，在制度设计中加入公众参与不仅是保证公民权利的重要举措，也是"把权力关进制度笼子"的必然要求。

我国法律明确规定了行政决策中的公众参与原则。《中华人民共和国宪法》总纲开宗明义，明确规定了人民参与管理国家、社会等事务的权利。② 这体现了我国权力来自人民、人民当家做主的理念。2015 年修改的《中华人民共和国立法法》进一步明确了法律规范的制定机关应保障人民对立法活动的多渠道参与。具体而言，首先，《行政法规制定程序条例》规定在行政法规的起草过程中，必须广泛吸收民意。其次，政府规章的具体制定程序由《规章制定程序条例》规范，明确了在起草政府规章时要广泛听取人民的呼声和意见，并规定了听取意见的具体期限。由政府统筹协调的环境治理关乎广大人民群众切身利益，我国是社会主义法治国家，主权在民。拓宽公众参与环境决策的渠道，不断创新公众参与决策模式，也是依法治国理念的要求。③

行政立法、行政规划是政府统筹协调环境治理的重要手段，是宪法、法律赋予中央政府和地方政府的权限，也是重要的政府工作。政府统筹协调的环境立法和规划关乎公民、法人或者其他主体的切身利益，相较于国家权力机关的决议更加接近公众的生活，对于社会公共事务治理和公众利益维护具有更为显而易见的现实意义。行政立法和行政规划的过程关乎政府诚信，影响政府形象。因此，强调政府统筹协调环境治理的公众参与对强化政府权威和法治政府建设具有重要意义。

---

① 应松年主编：《行政程序法立法研究》，中国法制出版社 2001 年版，第 189 页。
② 《宪法》第二条规定："人民依照法律规定，通过各种途径和形式，管理国家事务，管理经济和文化事业，管理社会事务。"
③ 李卫刚、李艳军：《行政立法中的公众参与——以政务诚信建设为视角》，《西北师大学报》2021 年第 4 期，第 118 页。

　　政府统筹协调环境治理的过程中，我国的企业、公民、非政府组织在公众参与政府环境决策的时代浪潮中发挥了不可或缺的作用。政府在进行环境决策时，通常采用征集意见、访谈等多种线上线下相结合的形式，充分收集和听取公众的意见或建议，摸清人民思想底数，作为环境决策中的重要参考依据。我国公民、法人或其他组织也可以通过信访、电话、电子邮件或者向政府门户网站反馈等形式提出自己的意见，这种极具中国特色的公众参与环境决策的方式被定义为环境信访制度。① 除此之外，政府还通过组织座谈会、听证会与专家论证会的方式保障环境行政决策的公众参与。

　　政府的环境决策对行政相对人的利益有着重要影响，在其决策过程中应当有行政相对人的参与。但是，由于环境行政治理活动本质上是一种具有较强的专业性和技术性的领域，相对人真正实现参与其中并非一件易事。美国学者乔治·弗雷德里克森指出，部分行政决定充满着技术性和复杂性的问题，公民仅是理解就很困难，参与更无从谈起。毫无疑问，高度的专业性阻滞了行政相对人的参与度。但这并不能成为限制行政相对人参与政府环境决策过程的理由。因为，"普通大众所渴望的直接的、可以保障自身生存与日常生活的社会权益，总是与一些专业人士所向往的社会理想，存在着相当的差距……专家提供的仅是技术层面的专业支持，但并不是社会各方利益的直接代表，绝不能以专家意见替代公众参与"②。事实上，在政府统筹协调环境治理过程中有着行政相对人参与的广阔空间，无论是在环境治理目标的确定、治理方案的拟订还是在治理手段的修改阶段，相对人都具有一定的参与空间。毋庸置疑，在环境治理方案的拟订阶段，较强的专业性在一定程度上对公众参与造成制约，真正能够参与其中

---

① 张晓杰：《中国公众参与政府环境决策的政治机会结构研究》，东北大学出版社 2011 年版，第 22 页。
② 蔡定剑主编：《公众参与：风险社会的制度建设》，法律出版社 2009 年版，第 146 页。

的更多是一些专业人士。但是，一方面行政治理的过程并非都充斥着专业性和技术性；另一方面，一般行政相对人的参与能够将对政府做出的环境行政行为的直接感受反馈给行政主体，从而充分表达自己的利益诉求，为行政治理措施的完善提供必要的信息。

公众的参与不应局限于形式上的参与，而应聚焦于公众在政府做出环境决策过程中的实质参与。这意味着公众有机会与环境决策主体建立有效的交流，否则，参与只是程序的空转。行政主体应认真倾听并仔细考虑公众的担忧和建议，并做到及时回应。从行政治理的过程来看，在行政治理的不同阶段，由于对行政相对人的权益影响不同，行政主体听取行政相对人意见的形式也应存在着差异。如在制定环境治理目标的阶段，各级政府多采取公听会或者网上征集的形式听取公众的意见；在环境治理方案的拟订阶段，采取专家论证、专家咨询等方式听取对环境治理方案可行性的意见；在环境治理方案的确定阶段，则采取正式的听证会的形式听取将因环境治理决策的施行利益受到直接影响的行政相对人的意见。

要让公民参与政府的环境决策的权利真正落到实处，一方面要求行政主体听取相对人的意见，另一方面，政府还必须有一定的程序为其配套，而首要的便是政府信息公开制度。政府信息公开制度既为行政相对人参加政府决策的过程提供了条件，也使行政相对人的参与权得到合理的保护。[①] 2008 年《政府信息公开条例》便对政府信息公开制度做出了一般性规范。

三、环境行政规划的权利保障

政府统筹协调环境行政治理中发出的行政规范性文件或具体行政行为都与公共利益和私主体的权益密切相关，行政主体的决策权与行政相对人私益的博弈本质上源于公益与私益的抵牾，在政府主导的环境行政规划中

---

① 章剑生：《行政程序法基本理论》，中国政法大学出版社 2003 年版，第 47 页。

尤为显现。① 相较于行政机关所代表的公共利益，私益的地位无疑是相对弱势的。据此，在环境行政规划中强化对私益的保障，减少公益对私益的直接侵害是依法行政的必然要求。环境行政治理中私益保护不仅要建立和完善治理过程中对私益的程序保障机制，也要兼顾对受损私益的行政补偿。

（一）环境行政规划与权利的抵牾

行政主体在行使行政权维护公共利益的过程中不可避免地会与私益发生冲突。德国学者施密特·阿斯曼的环境利益博弈理论提出，欲做出最有利于一方利益之决策，如未牺牲他方利益则通常无法实现，这就是环境利益博弈的结果。前瞻性的长远利益与当下利益、以地域或专业界定的利益，在此呈现出盘根错节的交织局面。多元利益结构是我国环境行政法的基本运作情况。环境多元主体协同治理的体系之下，利益多元化的局面也初见端倪，私益的表现形式越发多元，这导致"权利"和"权力"冲突的复杂性愈加凸显，因而协调公益与私益之间的矛盾也面临更加难以突破的障碍。

随着"科学发展观""绿色发展理念"的提出，人们的经济生活与环保利益的关联越来越紧密。对环境公共利益的侵害可能并非直接侵害到公民的财产或人身安全，但这种侵权行为可能随着自然环境的迁移转化而对公益与私益两种不同的权益产生损害。② 近年与环保权益相关的侵权纠纷逐渐浮现，并且呈现出以下特点。

首先，与环境利益有关的权利侵害纠纷具有专业性。较之一般的行政纠纷，这类案件中所牵涉的环境事实具备较强的科学性与技术性。由于政府的行政规划结果可能会对环境保护与生态建设带来根本性的、不可逆的

---

① 王青斌：《行政规划法治化研究》，人民出版社 2010 年版，第 194 页。
② 吕忠梅、窦海阳：《以"生态恢复论"重构环境侵权救济体系》，《中国社会科学》2020 年第 2 期，第 118 页。

影响，这些事实又直接关乎行政规划的合法性与合理性。所以，要论证政府行政规划的合法性和合理性就要合理评价政府行政规划的环境影响，这难免要涉及环境影响评估方面的专门知识。当前，对行政规划的环境影响评价文件等是由规划编制机关编制或者组织规划环境影响评价技术机构编制，并报规划审批机关审批。

其次，防止损害和处理权利纠纷问题具有紧迫性。正因为当今社会中许多有关权益损害的纠纷都关乎环境利益，而污染和损害的巨大影响往往具有不可逆性，这对缩短有效解决问题的周期提出了更为严苛的要求。效率高低是评价行政法的权利救济机制是否成功的一项关键标准。如果防止权利受到侵害和处理权利纠纷的效率达不到较为理想的水平，那么，尽管最终在实体上解决了纠纷，但对纠纷所涉及问题的现实状态来说，有可能是"迟到的正义非正义"，将失去实际意义。

（二）环境行政规划的权利程序性保障

保障行政相对人的程序性权利是实现程序公正的基石。当然，前提是法律规定了行政相对人的程序性权利。实践表明，事前的程序保障的实际效果远远优于事后的追惩性救济。在以政府为主导的环境多元治理体系中，保障行政相对人的程序性权利符合民主、公正、效率的理念，可以在一定程度上有效防止环境行政治理行为对私益的侵害。

随着中国工业化、城镇化进程加速以及公众环保观念与维权意识的提升，在政府统筹协调环境治理过程中程序正义的重要性不容小觑。政府也为了实现这一目标做出了不可忽视的努力。

1. 政府统筹协调环境治理须保障民主参与

民主参与制度不仅能够防范行政立法和行政规划权的滥用甚至失控，还能起到引导行政决策权良性运行，在行政权运行中反映民意并将权力服务于民的效用。① 所以，政府为实现环境决策内容的客观公正，对其形成过程进行程序性规制有着不可忽视的重要作用。在编制环境行政规划和进行环境行政立法的整个过程中，保障公众民主参与的程序性权利能够有效避免具有"潜在危害性"的行政决策生成，并对可能侵犯公众权益的行政行为进行事前预防。具体来说，在环境规划过程中，应保障公众的下述程序性权利。

（1）知情权。政府的基础源于民意，因此，首先应该做的就是要尽可能使民意真实。为了避免民意的失真，有必要借助媒体、网络等渠道，向民众提供政府活动的全面资讯。由此可见，知情权是现代公民实现基本民主权利的前提条件与重要基础。日本学者芦部信喜认为："知情权是言论自由权在现代的发展形态，其成为个人权的同时又兼具参政权的特性，是自主权、请求权乃至社会权兼而有之的复合型权利。"换言之，知情权作为一种个人权利，在实践中也延伸到了公共领域的参政权、代表权等各种权利，因此兼具复合性质。在环境决策中，公民的知情权是指公民对制订环境行政规划及环境行政立法活动的重要步骤的相关信息享有的知悉情况的权利。维护公众最基本的知情权是公众进一步参与政府决策的行政程序，进而保障自己合法权益的必要前提。知情权的充分实现有赖于其他诸如受告知权、阅卷权等程序性权利的实现。公众有权了解环境行政立法与环境行政规划制订的过程及其实施时所依据的事实、原则和所考虑的因素。与知情权对应，行政主体负有信息公开义务、告知义务和说明理由的义务，这就要求政府对环境决策的各项流程必须公开，制订机关必须事先对规划和立法的事项履行告知义务，对制订的规划或者规章及时公开，并对相关规划和立法中的具体内容履行说明理由的义务。

（2）参与权。奉行人民主权的国家，行政权的行使必须以民意为依归，行政的正当性来源于公众的同意。公民政治权利的引入也完成了对民

---

① 刘莘：《行政立法研究》，法律出版社 2018 年版，第 123 页。

主实现方法的创新，而公众借此能够直接参与和影响政府行政决定，这也就直接反映了权力源于权利，而权利是对行政权力的本质约束这一基础法理。此外，参与权给予行政相对人以主体性地位，摆脱了作为行政主体的附属性客体的地位，获致独立人格。在环境治理决策的制定过程中，公民的参与权体现在：①受通知权。是指公民可以要求政府主体告知其参加行政程序的具体时间、地点与参加方式的权利。在制订环境规划或进行环境行政立法之前，制订机关就应该通知公民参与行政决策程序的时间、地点以及参与方式等事项；②受告知权。是指公民要求行政主体在做出行政决定前告知其该决定所依据的事实和法理以及进行裁量时所考虑的因素。另外，政府机构还应当通知公众有陈述意见的机会并告知公众参与权受侵害时救济的渠道和时限的义务。③阅卷权。是指公民享有阅览在行政程序中形成的书面记录的权利。阅卷权利也是对听证权利的保证，体现了程序的客观公正，可以保证公众尽可能地全面掌握立法和规划的实际进程，从而做到对信息的公平知晓，增加了行政程序的透明度。④申请权。在行政程序中的申请权利，是指公民申请参与政府决策程序的权利。

（3）听证权。听证权来源于英国古老的"自然公正原则"："任何人都不得做自己案件的法官。"对应它的正是程序法中的回避制度；"在对任何人进行不利处罚以前，为其提供公开听证会或其他倾听其建议的机会。"该规则对应着程序法上的听证制度。在美国法中也存在类似的"正当程序条款"，《美利坚合众国宪法》的第5条修正案中明文规定，任何人非经正当法律程序，均不能受到生命、自由或财产的剥夺。我国台湾地区的《行政程序法》中也有这样的明文规定，即政府在做出阻碍或削弱人民自主意志或权利的行为以前，要告知行政相对人陈述意见；如果政府机构确定不组织听证会的，就应当赋予其阐述意见的机会。

听证权利的行使虽然在一定程度上影响政府的行政效率，在实质上却符合效率准则。首先，在听证过程中，由于民意得到了表达和被尊重的机会，政府能够以合理方式引导民意，从而减少了因民意的阻塞而产生的社会情绪爆发等各种不良后果。其次，听证的有效开展，可以防患于未然，公众担忧的事情事前解决，可以省却事后救济的成本。并且，事后救济只是"观念上"恢复原状，而不能做到"事实上"恢复原状，公民要在此过程中，浪费本来不该付出的大量财力和精力。最后，在听证过程中，公民参与并影响了环境决策或决定的制定与形成，由此可以增强决策或决定的正当性和可接受度，从而保证环境行政治理措施的顺利实施，节省了执行的成本。同时，由于原则上事后救济不停止决策或决定的执行，而如果该行政决定是错误的，将继续危害公民，这不符合权利保障原则和整体的社会效益。具体而言，在多元协同环境治理体系下，行政决定过程中公民听证权包括陈述权和申辩权，公民可以就涉及环境行政规划和环境行政立法对私权利侵害的事实予以陈述，并提出意见或建议以及说明支持该主张的理由。此外，公民还拥有申辩权，即可以就环境决策制定机关或者其他公民陈述的相反事实以及提出的不利主张进行对质和反驳。申辩权本质上是一种防卫权，有助于保障公民的主体地位。

2. 强化多元协作环境行政治理的信息公开

在多元协作环境行政治理体系中实现各方主体利益均衡的最终目标离不开利益的沟通交流，而资讯的沟通与交流制度是利益沟通的基础形式。若能利用好这种信息交流机制，对于促进参与环境行政治理的各方主体袒露心声、在环境治理的基本利益上达成一致大有裨益。一般而言，多元主体未来环境治理所采取的措施可能会有所不同，但并不阻碍各方主体根据合作领域的实际情况和各自对法律的认知，通过不断的沟通对话和磋商交涉，建立起公私双方主体之间的良好伙伴关系，并在基本利益上达成一致。也就是说信息公开与交流机制是真正实现环境治理公正与法治的基础，是保障私主体程序性权利的关键。因此，将做出环境治理决策的依据、准则、要求、产生流程以及最终结果进行公示，成为各国推行多元协同治理体系较为普遍的方式。实际上，及时公布环境信息已成为当代环境治理领域的共识。

多元协作的环境治理方式可以使政府部门与私主体的利益各方之间平等地协商合作，增加各方的共同环境保护收益。私主体通过将其自身资源、技能和治理方式投身环境公益建设和服务工作中，促成了环境治理总目标的实现。尽管私主体参与协同治理包含了一定的利益追求，但也绝不能因此否定其参与环境行政治理的成效与现实意义。而且就环境行政治理而言，这种公私协同的多元治理方式能更好地实现环境治理目标。

在政府与私主体合作治理环境的过程中，私主体为了追求盈利机会，公权力主体为了更好地提供公共服务，双方都会谨慎地对待合作方案和合作细节。设计公平合理的合作方案必须以合作各方充分的信息获取为基础。为此，民事法律规范和行政法律规范都对合作各方的信息披露义务做了规定，合作过程中如果一方有明显的信息优势则合作很难达成，政府的信息优势会减损社会主体的合作积极性，社会主体的信息优势会使政府监管游离在合作之外，难以保护公共利益。此外，多方协同的环境治理信息不仅应在当事人各方之间披露，还应对可能承担该合作项目风险的社区居民或市民公开，以期在公私合作中实现公众参与。这些合作项目的建设往往会产生邻避效应，譬如，城市垃圾填埋场、生活污水处理厂、固体废弃物集中处理点基础设施、场地的建立。在保障可能受影响的公众权益方面，公私双方主体对环境信息及时公开，有着非常重大的法律意义。

公私合作中的信息披露有助于政府对合作过程的监督。如果缺乏环境信息，政府行政部门便无法对公私合作过程中私主体的行为进行有效监督。地方政府部门借助私主体披露的环境信息，可以较为清楚地掌握公私合作的环境治理项目进展状况，也可以及时发现合作中可能产生的争议焦点，从而运用协商机制有效地处理问题。不同的利益主体从自己的视角出发，对这些披露的信息会产生不同的事实认知和价值认知，从而分析自己的利益诉求。事实上，地方政府正是基于对当地环境问题的清晰认识，将现实中的环境治理问题用公私合作的方式予以解决。这通常都需要公私合作各方运用其所掌握的知识和技术，进行合理沟通，对问题有精准的理解并采取恰当的解决方式。

企业及营利性组织通过多年的积累，必然聚拢了该领域内的诸多专业人士和技术人员，对环境信息的收集和理解有一定的优势。不过这些营利性市场主体所要寻求的是经济利益，即便他们利用掌握的专业知识可以发现一些环境问题，甚至可以解决这些问题，但由于在公私合作的过程中指出这些问题可能对企业自身的经济发展并无益处，因此企业很有可能会掩盖一些问题。而另一方面，由于专业人才和技术人员也并不总是被大公司或者营利性机构垄断，在社会中大量存在的环保类非政府组织当中，也有不少专家学者和科研人员拥有较高的知识水平和专业技术水平，因此，如果及时依照法律规定的程序向社会公布环境治理项目公私合作的方案，就能够把在公私部门合作环境治理过程中出现的争议问题及风险，通过环境非政府组织机构及时揭示，以便于防范在环保公益工程项目开展前，或是在开展过程中出现的环保风险。

3. 政府环境治理工作中的创新

（1）检讨以往的行政规划行为中存在着的误区。① 政府环境治理行政计划，不论是约束性计划还是非约束性计划，都广泛影响着人们的日常生活。而今政府行政治理讲究法律至上、注重权力规制、重视权利保障，为此，政府应将行政规划行为纳入法治视角进行审视，发现并检讨当前政府行政规划存在的问题。目前我国政府部门的环境行政治理工作主要还是以管理为主，公共服务功能较弱，投入不够，公共服务产品分配不均，公共服务体系式微。而且对行政程序的重视程度还不够，程序建设比较薄弱，

---

① 生态环境部环境规划院编著：《国家"十三五"生态环境保护规划研究》，中国环境出版集团2019年版，第18页。

"重实体，轻程序"的现状还没有从根本上改变。政府部门执法队伍的执法素养和管理水平还亟须提升。虽然已经出台的法律法规多有完善，仍然要靠强化具体执行才能真正实现法律价值。

（2）不断健全行政规划中的公民参与机制。通过分析个案，总结具备良好法治精神的公民积极参与政府规划的成功案例，可以为健全行政规划中的公民有效参与机制提供经验。健全环境行政治理过程中的公民有效参与，就必须落实法律制度保障，包括公民参与的基础性、程序性和社会支持度三方面的相关机制。此外政府对公共批评与建议需要补强回应机制。规范行政规划主体的自由裁量权以及完善公共组织的法律责任和救助机制，重点包括对弱势群体的组织援助、专家咨询服务机制。完善信息技术的整合机制，尤其是借助网络平台，完善信息共享与信息披露机制。

（3）建立和健全环境行政规划法律制度体系。在城市一体化建设进程中，政府资源配置必须合理有效，资源利用率必须尽可能达到最佳，在此背景下，政府城市规划制度俨然已成为现代国家行政管理的方式之一。在现代法治框架下，建立和健全环境行政规划法律制度体系主要包括明确政府环境行政规划的调整范围、确定环境行政规划的组织设置、规范环境行政规划的制订与审查工作；完善环境行政规划信息发布机制、公共参与机制、社会监督机制、政府责任机制和救济机制。

综上所述，保障公民的程序性权利可以有效地把政府统筹协调环境治理中潜在的侵犯私权利的行为消灭在萌芽状态，形成一个对公民权利预先概括保护的制度体系。政府在统筹协调环境治理的过程中，对公民权利的程序性保障要求遵循比例原则。比例原则是制约行政裁量权并决定其有效性的标准之一。因此，行政程序的设计应有利于实现行政目标，并且不给公民带来不合比例的负担。

（三）环境行政规划中的行政补偿

行政补偿是指国家行政机关及其公务员在执行职务时，因其合法、无过错、为公共利益所为的行为而给公民、法人或其他组织造成一定损失时，行政机关以负担其经济上的损失为目的所给予的金钱补偿。[①]

1. 环境行政规划中行政补偿的理论基础

学界对行政补偿的原理进行探讨，产生了两种主要的基础理论，一是公共负担平等论，二是特别牺牲论。

公共负担平等论指出，如果政府行政行为是为了社会公共利益最大化，其成本就应当由社会中获利的全体人员平均负担。合法的公务活动对公众、团体所带来的利益，其实成本是由权利受到侵害的主体在一般纳税责任之外承担的，但这个成本不应当全部由权利被侵害者个人承担，而是应当对社会的全体人员公平地分摊，具体办法是由国家以全体纳税人支付的税收来赔偿受害者个人所承担的全部经济损失，以便于在社会所有公众与受害者之间重新实现利益平衡。[②] 在 20 世纪 30 年代后期，日本东京大学法学部教师田中二郎先生，将始创于西欧的这一理论引进了日本，并以这一理论为基石形成了现代日本有关国家补偿的法理学基础。[③] 该理论将法律的基本内容"权利—义务"当作基本出发点，重视"权利""义务"的对等性，但若不给予因政府行为而遭受经济损失的被害人相应的补偿，就违反了法律的平等原则，故而该理论也强调应该给因政府行为遭受损失的被害人适当赔偿。

特别牺牲论的倡导者是德国行政法学的鼻祖奥托·迈耶。该理论指出，由于现代社会经济的发展，政府职能随之扩大，政府行使行政权力损害公民权利的情况也时有发生，但由于政府需要承担保障社会整体的安全、秩序、公平、自由与福利的职能，因而在一定程度上无法完全避免对公民权利的干涉。这样一来民众承担一些可能的牺牲就成为必然，但出于

---

① 《行政补偿》，《中国大百科全书》（第三版网络版），中国大百科出版社，https：//www. zgbk. com/ecph/words？SiteID = 1&ID = 81900&Type = bkzyb&SubID = 49172。

② 马怀德：《国家赔偿法的理论与实务》，中国法制出版社 1994 年版，第 40 - 42 页。

③ 马怀德：《国家赔偿法的理论与实务》，中国法制出版社 1994 年版，第 42 页。

公平正义的目的考虑，这种牺牲不能由民众一方承担。倘若片面地由民众承担，则会产生不公，所以应该由国库给予补偿。① 该理论确定了在解决私益和公益之间的关系时，在公益性需要的时候私益就必须予以让步，但是因为私益所进行的特别牺牲违背公平正义的需要，因此在私益为公益进行特别牺牲时，必须对私益予以赔偿。

除了以上两种理论外，还有其他的若干种学说，但无论从其合理性还是接受范围来看，都无法同上述两种理论比较。这两种理论在我国也是被广泛接纳的。实际上，两种学说从根本上来说都是一致的。两种学说的核心都是法律的基本精神——公平，只不过在做出具体解释时的出发点不同，即"公共负担平等理论与特别牺牲理论的内核是相同的，但前者从结果出发，而后者则立足于原因；但也恰恰是因为个别人为社会的公共利益而做出了特殊牺牲，所以作为主要受益者的社会公众才需要公平承担这些损失。也只有这样，政府才能恢复社会公众间负载均衡的机制"②。

与公共负担平等理论以及特别牺牲理论不同，信赖保护作为行政规划中损失补偿的理论基础是根据环境决策的易变动性而确定的，也是保护私益的要求，"保护人民权利，首重法律秩序之安定"③。诚实信用作为一项重要的法律原则，不管是在私法还是在公法范畴都受到了相当的重视，国务院颁布的《全面推进依法行政实施纲要》更是明确地将"诚实守信"列为依法行政的基本要求之一。同社会公众的诚信比较起来，政府的诚信有着更重大的表率作用，它也是政府应该追求的基本目标之一。但是基于环境治理的特性，在所有时候都完全遵循预先制订的治理方案是不可能的，同时也不能满足公共利益的需要。所以在因客观需要而不得不变更的环境决策与政府信用之间，一个可能的平衡点便是遵循信赖利益保护原则，即

---

① 曹竞辉：《国家赔偿法立法与案例研究》，台湾三民书局1988年版，第9页。
② 马怀德：《国家赔偿法的理论与实务》，中国法制出版社1994年版，第42页。
③ 罗传贤：《行政程序法基础理论》，台湾五南图书出版公司1993年版，第65页。

对因政策变动受到侵害的行政相对人予以补偿。

信赖保护并不是在行政决策的所有领域都适用，它通常适用于行政规划的内容变更或者终止的时候。"行政规划一经公布，就会产生拘束力，即表示行政机关会按照规划的内容做出行政行为，人民也将会基于对此规划内容的信赖做日后之作为。因此，如果行政机关想要变更或终止原规划内容时，不能忽略民众的信赖利益的保护问题。" ①对于因相信环境行政规划中的具体安排而行动的私主体而言，往往会由于该行政规划的改变、终止而承担经济风险。所以，若任由行政机关肆意改变环境行政规划，就会对私主体的生产生活投入产生风险。信任保护作为政府行政规划中损失补偿的特别理论，强调当已制订的环境行政规划改变或中断时应当注意行政相对人的权益保护问题，防止行政相对人的信任利益因政府行政规划的改变或中断而遭受不公平的损失。

2. 环境行政规划中的行政补偿制度

环境行政规划若可能给环境行政相对人的利益带来不利影响，则是否予以补偿及如何予以补偿一定是行政相对人最关心的问题。倘若政府在行政规划的制订过程中就补偿问题无法与权益遭受不利影响的行政相对人取得共识，那么政府在行政决策的实施过程中就可能会面临很大的阻碍，从而影响到环境行政治理全局的发展。因而，政府有必要在制订环境行政规划的过程中就充分考虑行政相对人的权益保护问题。

环境行政规划作为一种影响权利形成性的行为，一定程度上能明确环境行政规划制订主体与行政相对人之间的权利义务。环境行政规划对权利形成的影响主要体现在实施环境行政规划的后续内容。譬如，"行政规划的确定对征收具有预决效果，也就是说，一旦行政规划确定，征收程序就可能开启，而在征收程序中要考虑的问题即为征收范围、补偿方式、补偿

---

① 洪家殷：《信赖保护及诚信原则》，台湾行政法学会主编：《行政法争议问题研究》（上册），台湾五南图书出版公司2000年版，第11页。

标准等。"① 据此可以认为，环境行政规划中的侵害补偿，实质上是政府对行政规划后继措施给行政相对人造成的利益侵害的补偿。因此，对政府来说，行政规划的制订不但要考虑行政规划的后继举措，还要考虑这些措施所可能造成损失的利益补偿问题。对行政相对人的财物予以征收、征用就是主要措施之一。即便政府在行政规划中明确了征收、征用的后续举措，还应当进一步明确征收、征用的补偿问题。

（1）环境行政规划中行政补偿的范围。行政补偿的范围，是指对行政主体的哪些活动予以补偿。在环境行政规划中，行政机关需要补偿的行为有：第一，征收。财产征收是环境行政规划经常采取的后续措施，对于基础设施的建设来讲，土地征收必不可少。该措施对行政相对人权益的影响十分明显。因此，土地征收是环境行政规划中损失补偿的重要一环。在此类案件中，具体征收范围容易引起重点关注，这样的纠纷也时常出现。例如，为了修建水利设施，整个村落的土地大多被征收，这些土地上的住户已经搬离，只有一户人家因地理位置偏僻而不在征收范围，这会给该户居民的生活带来诸多不便与困难。这都属于建设基础设施而造成的间接损失。类似的事例，如地方政府因公益需要而征收居民的部分财产，剩余财产不在征收范围，但实质上，被征收部分对居民来说使用价值已然丧失，意味着剩余未被征收的财产价值也会大大减损。因此在此种情形下，本书认为，剩余财产也应纳入征收补偿范围。第二，征用。与征收类似，征用也是政府环境行政治理活动中常有的后续举措，并且二者往往同时采取，但二者内涵不同。二者的主要区别在于：征收通常伴随着私有权利的丧失，财产的权利主体由行政相对人变换为国家；而征用则意味着财产所有权无须转移，行政主体借用财产一段时间后仍返还给行政相对人。② 第三，

---

① ［德］汉斯·沃尔夫、奥托·巴霍夫、罗尔夫·施托贝尔：《行政法》第 2 卷，高家伟译，商务印书馆 2002 年版，第 249 页。
② 姜明安：《行政补偿制度研究》，《法学杂志》2001 年第 5 期，第 14 - 17 页。

其他导致行政相对人利益损失的后续措施。譬如，政府出于保障公共利益的目的而对行政相对人的权利加以控制等。

除了应予以补偿的范围外，补偿的标准和方式也是最容易引起争议的地方，行政补偿的标准可参考一般行政赔偿的法律规范，以行政相对人的实际经济损失为准则。① 另外，就补偿方式来说，行政规划中的损失补偿方式也可以参考行政赔偿的法律规范，以货币补偿为主，其他补偿方式如产权调换为辅。行政规划制订后如改变或终止也可能会影响到行政相对人的权益。如果行政相对人因信赖政府的行政规划而投入财产，当政府行政规划的改变或终止导致行政相对人信任利益受损时，应予以合理的补偿。因此，行政机关在变更、终止环境行政规划时，对其中产生的补偿问题的解决办法也应当逐一明确。

（2）利益补偿的实现机制。当前我国环境行政规划中的利益补偿机制，主要可以通过以下两种方式实现。

一是纵向的利益补偿。我国纵向的经济补偿制度，通常是通过国家财政转移支付的形式实现的，按具体实施类型分为体制补助、专项补助税收返还、公式化补助等。二是横向的利益补偿机制。横向的利益补偿机制主要体现为政府之间的横向转移支付，即在区域内部由获益的主体向做出牺牲或贡献的主体给予一定的补偿。补偿的方式既可以是直接的财政资金的转移支付，也可以通过间接的方式实现，如通过项目合作、投资等方式实现。在区域的发展进程中，经常是纵向的利益补偿和横向的利益补偿交织在一起的。通过利益补偿的实现机制，不仅可以充分调动财政转出地方和财政转入地方的积极性和主动性，而且能够更好地实现区域的均衡发展。

中国特色社会主义的发展已经迈入了新的阶段，党的十九大报告对我国现阶段主要矛盾的论断中"人民日益增长的美好生活需要"必然包含着对良好的生态环境的需要。而平衡充分的发展也是中国改革开放以来经济

---

① 姜明安：《行政补偿制度研究》，《法学杂志》2001 年第 5 期，第 14－17 页。

社会高质量发展的必然要求。党的十九大报告明确提出人民对美好生活需求范围越来越广泛，不仅有更高水平的物质文化需求，而且在民主、法治、公正、正义、安全、环境等方面的要求日益增长。习近平总书记所提出的"绿水青山就是金山银山""像爱护眼睛一样爱护生态，像对待生命一样对待环境""让良好生态成为人民生活的提升点、成为经济社会持久良好蓬勃发展的支持点、成为展现我国良好形象的发力点"等重要理念，是新时期推动经济转型升级、发展环境友好型经济、将经济发展与生态保护辩证统一的重要抓手，是推动我国环境治理体系和治理能力现代化的重要原则。

党的十九大报告中有 16 处着重谈到"质量"，指出必须坚持把质量放在第一位，着力构建质量强国。这也是"质量第一""质量强国"概念第一次出现在党的大会报告中，更加凸显了新时代高质量公共服务供给的重要性。

生态环境问题关系人民群众切身利益，近年来环境问题众多、事件频发，一次次敲响国家治理的警钟。生态环境问题若长期治理不当，则危害严重、社会成本巨大。我国为完善环境治理体系，细化了生态环保中政府的主导责任、提供服务责任、主体责任以及其他社会主体的监督责任，并强化了对政府的监督监察，探讨环境治理路子。此外，环境行政治理过程中引入了第三方评估，随机抽取评估主体，提升生态环境考核评估的客观性和公信力。

在当今社会合作共治的改革背景下，政府、社会主体合作共治的新型环境治理模式应运而生。实践表明，多元协同共治的环境治理模式有明显的优势。首先，国家将社会主体的资金、技术及专业知识等优势资源纳入环境治理，减缓了日益加重的环境行政部门负担。其次，私主体通过参与环境协同治理，亦可获取经济利益及国家政策红利产生的机遇。因而，公私合作的多元环境治理体系能使参与的各方实现共赢，不仅极具理论研究的意义，更有广泛的实践价值，是美好生活期待的高质量治理。① 人民政府以为人民服务为宗旨，构建全方位的服务型政府，需要全面提升政府的治理能力，提高人民的满意度和幸福指数，使广大人民群众有更多获得感、幸福感，实现国家善治。

①　吕志奎：《政府治理转型的中国路径》，中国社会科学出版社 2018 年版，第 292 页。

第四章

环境治理体系中政府的软法之治

　　党的十九大报告针对生态文明建设提出了"构建以政府为主导、企业为主体、社会组织和公众共同参与的环境治理体系"。习近平总书记指出："生态环境是关系党的使命宗旨的重大政治问题，也是关系民生的重大社会问题。"2020年3月"两办"发布了《关于构建现代环境治理体系的指导意见》，明确了构建新型环境治理体系的总体目标及要求，强调了公众参与及充分引导、激励企业承担环境责任的重要意义，该意见明确构建新型环境治理体系必须将公众与企业纳入进来，这也意味着我国环境治理进入了新篇章，为社会力量进一步参与环境治理提供了重要依据。[①] 这一新型环境治理体系，极大地反映了共建共治共享的理念，提倡公私合作、多元共治的环境治理理念。值得注意的是，在这一新型环境治理体系中，仍以政府权威治理为中心，政府引导多元共治、公私合作，对环境治理体系达成制度设计之初的目的具有至关重要的作用。

　　在构建新型环境治理体系的背景下，将制订的各类环境行政规划落实到位，对政府提出了更高的要求。首先，必须明确政府在环境治理体系中的引导性作用。多元共治并不意味着政府可以逃避其环境责任，政府之强制力是解决多数环境问题的基础，由"命令—控制"型的环境管理手段向治理的转变并非抹去或淡化政府在环境治理中的作用，实践已经证明去政

---

　　① 肖磊：《公私合作环境治理法律规制及其展开》，《中国矿业大学学报》（社会科学版）2021年第3期，第78页。

府中心化的环境治理模式是行不通的。① 环境保护的利益关联群体是全体社会公众，其影响的广度与深度存在于社会的各个阶段，可以说，环境治理是一种典型的公共产品服务。李克强总理明确指出："基本的环境质量是一种公共产品，是政府必须确保的公共服务。"当前这一阶段构建新型环境治理体系，可以分为两步走，首先建立起政府主导、多元主体参与的环境治理模式，其次进入社会力量发挥主要作用的社会化治理阶段。根据我国当前社会之实际，仍应以第一阶段为目标。② 一方面，有别于传统的环境行政规制理论，多元共治、公私合作的环境治理体系意味着环境治理不仅仅是政府的管理职责，其还负有引导其他主体，例如，企业、公众、环保组织等参与环境治理的义务。另一方面，多元共治的环境治理体系并不意味着其是"多中心"的平行式治理，政府、企业、公众、社会组织及其他社会力量在其中的地位及发挥的作用皆有差异。③ 政府在这一阶段占主导地位，同时也起到引导的作用。

一、环境治理中软法的兴起

在多元环境治理体系中政府的角色应由单纯的"命令控制者"向激励者、服务者转变。服务者的定位意味着政府不再独揽全局，在环境事务方面适当简政放权，在保留且进一步深挖关键性职能的基础上，适度放权给其他主体，将环境治理的权力运行网络深深根植于社会之中。将权力让渡给其他主体后，政府还应平衡多元主体间的信息不平等，不仅将自己掌握的环境治理信息公开，同时作为服务者，还应搭建有效的信息披露机制。

---

① 詹国彬、陈健鹏：《走向环境治理的多元共治模式：现实挑战与路径选择》，《政治学研究》2020 年第 2 期，第 67 页。

② 朱谦：《公众环境行政参与的现实困境及其出路》，《上海交通大学学报》（哲学社会科学版）2012 年第 1 期，第 37 页。

③ 余德厚：《环境治理视域下国家环境保护义务的证立与展开》，《法学杂志》2018 年第 7 期，第 86 页。

现代环境问题的一个显著特征即为政府与企业、公众间的信息不平等，要想实现环境治理体系的高效运行，公开透明的信息交流至关重要。只有信息透明，政府与企业共同的环境治理目标才能达成。① 由全能型政府向服务型政府的转变，同样意味着治理理念的转变，政府在进行环境治理时不应再以效率为第一考量因素，效率与公平并重，是新型环境治理体系的内在要求。政府从命令者向激励者的转变，反映在环境治理的规制手段上即为"命令—控制"型规制手段向激励型手段的转变，在保证环境保护下限的基础上，通过拓展激励手段，激发企业参与环境治理的主观能动性，典型的如提供"绿色"补贴、颁布"绿色"信贷政策等，规制手段的转变使得政府在进行环境治理时不仅仅于管理环节发挥作用，而是在整个环境治理体系中发挥引导的作用。

传统的"命令—控制"型规制手段在我国早期处理环境问题时起到了重要作用，政府主要以命令和制裁手段作为环境治理的基本方式，在这种模式下，更多要求行政相对人无条件服从以实现行政目标。通过对社会个体利益的限制，以硬法强行确认各法律关系主体的行为方式和利益格局，从而实现以公共利益为基本价值取向的法律调整与控制模式。② 而企业与社会公众作为相对人长期以来处于受支配的被动地位，不仅难以满足当下环境保护的现实需要，也与构建新型环境治理体系的要求背道而驰。多元共治、公私合作更强调柔性协商手段，将企业、社会公众纳入协商过程中来，摒弃过去一味命令、强制的规制手段。作为"依据个人意愿和基本利益而按照协商民主方式达成共识的途径所建构起来的"软法③，在构建新型环境治理体系、政府面临角色转变的当下，提供了一剂环境治理之良

---

① 丁冬汉：《从"元治理"理论视角构建服务型政府》，《海南大学学报》（人文社会科学版）2010 年第 5 期，第 21 页。

② 王晓田、傅学良、王轶坚：《中国环境法中的软法现象探析》，《政治与法律》2009年第 2 期，第 90 页。

③ 高宣扬：《后现代论》，中国人民大学出版社 2005 年版，第 32 - 33 页。

方。软法作为一种现象在我国公法领域早已存在，学者们也尝试对这种现象做出解释和回应，罗豪才教授认为软法是指那些效力结构未必完整、无须依靠国家强制保障实施，但能够产生社会实效的法律规范。① 从上述定义不难看出，软法相较于硬法最大的不同在于其不依赖于国家强制力，除此之外，软法还有以下不同于硬法的特点：没有明晰的法律位阶、制定与实施过程中反映出更强的民主协商性、表现形态更加多样等。姜明安教授则没有给出明确的定义，在承认软法也是法的基础上，给出了软法的六类外延，在当时的研究背景下足以囊括绝大部分软法的形式。然而具体到环境治理中政府的软法之治而言，上文给出的外延是不全面的。有学者也对软法在环境治理中的具体表现形式进行了归纳总结，主要包括立法机关创制的软法文件、环境硬法中的软法现象、国家及各省市关于环境治理的政策及规划、各类环保组织制定的章程原则、国家有关环境保护和生态文明建设的标准等。② 其中立法机关创制的软法文件，典型的如《中华人民共和国清洁生产促进法》（以下简称《清洁生产促进法》），该法单独规定了"鼓励措施"这一章节作为第四章，对应法律名称中的"促进"之意，意味着《清洁生产促进法》这类软法文件主要通过政府引导、激励等手段达到环境治理之目的。而环境硬法中的软法现象，以《环境保护法》为代表，该法第四条、第二十一条及第二十二条都体现了软法之性质。③

① 罗豪才、宋功德：《认真对待软法——公域软法的一般理论及其中国实践》，《中国法学》2006 年第 2 期，第 15 页。
② 张玉东：《软法建设生态文明的兴起与实践》，《人民论坛》2012 年第 20 期，第 102 页。
③ 《中华人民共和国环境保护法》第四条规定："国家采取有利于节约和循环利用资源、保护和改善环境、促进人与自然和谐的经济、技术政策和措施，使经济社会发展与环境保护相协调。"第二十一条规定："国家采取财政、税收、价格、政府采购等方面的政策和措施，鼓励和支持环境保护技术装备、资源综合利用和环境服务等环境保护产业的发展。"第二十二条规定："企业事业单位和其他生产经营者，在污染物排放符合法定要求的基础上，进一步减少污染物排放的，人民政府应当依法采取财政、税收、价格、政府采购等方面的政策和措施予以鼓励和支持。"

软法在我国环境法治中，并没有因为持续不断地创制大量的硬法规范而消失，反而层出不穷，在以制定法为主导的环境法体系中形成了一个蔚为壮观的环境软法现象。① 法律供给不足，滞后于立法需求的情况在各领域都普遍存在，在环境领域，这一矛盾尤为突出。我国的环境法律规范主要是外生性规则而缺乏本土资源的支撑，以致其在实践中的运行效果不佳。② 相比于西方发达国家，我国的环境立法起步较晚，这与我国工业的发展也是相对应的，在过去的几十年间，我国经济长期保持着高速发展，尽管国家加快了立法步伐，但时至今日仍没有建立起较为完善的完全满足实践需求的环境法律体系。因此，仅仅依靠硬法难以满足环境领域的立法需求，软法正是当前情形下的一种有益补充。

二、自愿性环境协议

（一）自愿性环境协议的兴起与发展

自愿性环境协议发轫于 20 世纪 60 年代日本的"公害防止协定"，参与协定的主体包括企业、社会公共团体及行业协会，多主体对如何防止公害、企业采取何种措施达成合意。公害防止协定最早被应用在地方政府治理本地区内的环境问题，是一种在现有政府规制手段缺位情况下的临时解决手段。1968—1970 年，日本地方政府及其他公共组织与工厂缔结的公害防止协定从几十件上升到 3000 多件。日本学界对公害防止协定的认识几经更迭：发源地横滨的"横滨方式公害防止协定"的出现以缺乏解决公害问题的法律法规为历史背景，呈现为不具强制力的"绅士协议"模式；随着协议主体范围的进一步扩大，居民团体作为协议当事人加入，协议内容涵

---

① 王晓田、傅学良、王轶坚：《中国环境法中的软法现象探析》，《政治与法律》2009 年第 2 期，第 90 页。

② 徐忠麟：《环境法治的软法规范及其整合》，《江西社会科学》2016 年第 10 期，第 169 页。

盖索赔与补偿，公害防止协定作为行政机关执行环境政策的弹性管理方法，既可以弥补法律的漏洞，也可以在行政管理相对人的协助下更顺利地实现环境管理的行政目的。尽管其在设立之初仅被视作一种临时规制措施，但直至今日，自愿性环境协议仍是日本进行环境治理的重要手段。例如，2003 年为解决熊本县百川中流域（菊阳町及其周边）地下水水位持续下降问题，当地某半导体制造企业响应非政府组织号召，以日本首个企业独立出资的方式承担了地下水涵养项目，由该企业支付补助金给从事水涵养工作的农户，农户则利用休耕的水田将河水引入并渗透到地下，从而达到地下水涵养的目的。到 2009 年，通过涵养项目"返还"的地下水量 980 万吨以上（估算值为 1160 万吨）。根据厚生劳动省的调查统计数据，截至 2005 年已有 160 个市町村颁布了地下水水源保护条例，提倡地方自治体或受益企业与生态系统服务提供者之间通过协商，采取有效措施保护地下水源。此种治理模式的优势在于：一方面，政府可以通过环境政策、法律的颁布对企业、公众的行为予以引导或约束；另一方面，企业可以通过与政府、公众的合作来实现环境治理与效益的提升。同时，公众可以通过参与决策制定或舆论监督手段来督促政府或企业的行为符合环境治理目标。遇到环境问题，不再单纯依靠政府直接解决，可以由环境权益各方通过协商、谈判、诉讼等方式进行沟通协调。此时，政府并非截然置身事外，依然可以充当政策法律咨询员、监测数据提供员、纠纷调解员等"中间人"或"第三者"角色。

自愿性环境协议在域外已经经过了数十年的发展，西方发达国家在日本公害防止协定的基础上，演绎出自愿性协议（VAs）、契约（Contract）、环境协议（EA）、志愿协议（VAs）、环境伙伴（EPs）等各式各样的具体制度形式①，但这类协议的中心议题是一致的，即企业与政府或社会组织、

---

① 王勇：《自愿性环境协议：一种新型的环境治理方式——基于协商行政的初步展开》，《甘肃政法学院学报》2017 年第 4 期，第 64 页。

公民个人等多元主体签订的、目的在于保护环境或治理生态的一系列非基于立法所要求的协议。从某种程度上来说，自愿性环境协议应属于软法范畴，软法的制定与实施过程具有更高程度的民主协商性，强调主体间的认同与共识，注重彼此之间的沟通，能全面地回应公共治理模式所具有的主体多元化与行为多样化的特征。所以从某种意义上讲，自愿性环境协议事实上是一种"新型的社会契约"，是一种典型的软法。①

（二）自愿性环境协议的常见类型及特征

根据缔结主体的不同，可以将自愿性环境协议分为三类：第一类是企业与政府签订的协议，属于"公环境保护"；第二类是企业与地方居民签订的协议；第三类是政府促成前述两主体签订的协定。后两种属于"私环境保护"。本书所探讨的自愿性环境协议主要集中于政府作为一方主体的一类，对于私环境保护领域的协议，学界均认为其属于民事合同的范畴。根据成立方式的不同，同样可以将自愿性环境协议分为三类：第一类由行政规制主体制定规章或准则，企业有权选择是否加入协议；第二类磋商型环境协议由行政规制主体与企业或行业协会就协议内容以及协议履行条款经协商达成合意后缔约；第三类单边承诺型环境协议为企业主动提出将采取行动并承诺达成更高要求的环境目标。此种分类方式的依据在于政府主导企业参与程度的不同，第一种方案中，企业仅拥有是否加入协议的选择权，协议中涉及的权利义务由政府单方制定，但企业的加入可以看作对政府意思表示的接受。在单边承诺型环境协议中，企业或行业协会的承诺同样有着政府的默许或认可因素在内，此种承诺看似是单方的意思表示，仍以政府给予一定激励或豁免更严格管制为前提，实质上是自愿性环境协议制度的一部分。

自愿性环境协议相较于传统的政府规制手段，最显著的特征在于其是

---

① 马波：《环境法"软法"渊源形态之辨析》，《理论月刊》2010 年第 5 期，第110 页。

自愿缔结的，政府作为规制主体与特定环境事务中涉及的多元利益主体，在同处于平等法律地位的基础上自愿协商、沟通，但这并不意味着否定了"经济人"的假设，参与环境协议的个体仍是从自身的利益出发。因此，企业在签订自愿性环境协议时不是以牺牲自己的经济效益为代价，完全服务于环境保护的目标，而是在与各个利益主体不断妥协与让步后，就如何实现各方利益最大化达成合意。如何激发企业参与自愿性环境协议的内生驱动力，是各国在发展自愿性环境协议制度过程中普遍遇到的问题，企业作为"经济人"，其节能减排与环境保护的积极性往往基于正向的经济激励。[①] 政府向参与协议的企业提供补贴是最为直接且普遍的一种方式，但这一单一手段还不足以激发企业的内生驱动力。美国采用环保标志并引入第三方认证机构的模式值得我们在进行制度构建时加以借鉴，实践中美国大部分自愿性环境协议都有自身独特的标志，参与协议的企业可以在产品中使用该特定标志，此举不仅可以提升企业的商誉，使消费者知晓企业自身已经履行一定的社会责任，政府的背书更使其具有信服力。第三方认证机构的引入减轻了政府的负担，同时，这些认证机构在环境治理领域更具专业性和权威性，例如，美国水意识合作伙伴项目的第三方认证机构包括全国公证验证公司、美国安全保险实验室、美国国际管道暖通机械协会等。[②] 第三方认证机构相较于政府而言监管成本更低、监管的实效性更强，对未达到协议约定标准的企业，第三方认证机构可以随时取缔企业继续使用环保标志的权利，实现对企业的有效监督。

除了上述激励措施外，信息共享与技术援助同样发挥了重要作用，环境治理的一大难题即在于政府规制机构与企业间的信息不对称，多数自愿性环境协议都约定了信息披露条款，缔约企业需向环保部门及第三方机构

---

① 黄海峰、葛林：《日本自愿性环境协议的实施及其对中国的启示》，《现代日本经济》2014 年第 6 期，第 85 页。

② 李铪：《通过契约实现行政任务：美国环境自愿协议制度研究》，《行政法学研究》2014 年第 2 期，第 125 页。

开放特定信息，避免污染行为发生后再进行监管、治理的模式，除此之外，缔约企业还享有访问环保部门所掌握的污染防治信息系统的权利。自愿性环境协议所要达成的环境治理目标往往是长期的，保持有效的信息共享，使得参与的各方利益主体在协议各个阶段都能获取相关的信息，既能为企业继续履行协议创造条件，也有助于对自愿性环境协议开展全流程监督。政府除提供补贴与信息共享外，还可以在协议中约定向企业提供技术援助，包括具有专业知识的环保组织、环境专家等。

（三）自愿性环境协议的中国实践

2003 年，山东省经贸委与济南钢铁集团总公司、莱芜钢铁集团有限公司签署了节能自愿协议，这被认为是我国第一个自愿性环境协议。在该协议中对政府责任做了详细规定，包括对已有的有关节能优惠政策优先考虑试点企业、对试点企业申请的符合国家优惠政策的项目优先予以支持、对试点企业节能项目的贷款等融资活动协调省担保公司给予担保、经评审对试点企业能源利用状况实行免予检测、对试点企业节能相关项目申请国家有关部门拨付部分科研经费、组织中介机构为试点企业提供政策技术管理等咨询服务、在引入国外资金时优先支持试点企业、申请国家有关部门授予"中国节能自愿协议试点企业"荣誉称号等。① 自此，自愿性环境协议在山东省率先开始了试点，并主要集中在节约能源领域，此后达成的协议多以节能自愿协议为主。2010 年，《节能自愿协议技术通则》国家标准通过了审定，该标准对节能自愿协议的定义为为达到节能减排目标、提高能源利用效率，政府与用能单位或行业组织自愿签订协议并实施的一种节能管理活动。节能自愿协议在"十一五"期间得到了初步发展，结束了在山东的三轮"节能自愿协议"项目试点后，2009 年 11 月，工信部与中国移动集团签订了《节能自愿协议》，这也是第一个由中央政府部门与企业签

---

① 马丽、李惠民、齐晔：《节能的目标责任制与自愿协议》，《中国人口·资源与环境》2011 年第 6 期，第 98 页。

订的节能自愿协议，协议约定"到 2012 年 12 月底，单位业务量耗电相较于 2008 年下降 20%，节约用电近 118 亿度"。当前我国绝大部分的节能自愿协议，乃至整个环境治理领域中其他类型的自愿性环境协议主要都为磋商协议型，此种协议由政府和工业部门之间经磋商达成，完成包括各方参与权利、义务及时间表等节能目标，在其他国家的实践中此种类型的自愿性环境协议也是为数最多且使用最广的。① 日本经济团体联合会自愿性环境行动计划属于没有政府参与的单边型环境协议，参与自愿行动的企业自我设定目标，自我监督协议的实施。② 单边型环境协议从缔结到实施的全过程都没有受到政府规制部门的干涉或强迫，一定程度上可以看作企业自觉履行社会责任、主动参与环境治理，实际上更多是社会公众、环保组织等环境利益群体要求的结果。上述日本自愿协议属于非约束性的，若不能达到既定目标，也没有明确的惩罚措施，只是公司信誉下降。③ 值得注意的是，尽管自愿性环境协议在域外的实践中表现出了多种形式，我国在借鉴域外的经验时仍应考虑能否适应本国之国情。过去很长一段时间内，政府主导型的环境行政在推动落实国家环境保护政策、改善总体环境质量、推动环保科技成果产业化与完善市场运行机制等方面发挥过积极的作用。自愿性环境协议发展初期仍离不开政府的参与，一是提供制衡机制保障协议的有效履行，如在协议中约定，若企业没有认真履行自愿协议则会面临政府更加严厉的规制措施。二是自愿性环境协议的推广离不开政府的政策引导和激励。许多重点能耗企业本身已经背负了完成一定节能指标的要求，若无一套明确的、有力度的支持和激励体系，企业的自愿节能动力肯

---

① 徐海：《有效的节能管理体制——节能自愿协议》，《环境保护》2007 年第 22 期，第 31 页。

② 刘斌、周勇：《产业自愿节能减排中的信息披露制度研究》，《江西社会科学》2009 年第 7 期，第 103 页。

③ 肖志明、张华荣：《基于低碳经济发展视域的产业节能减排自愿协议——以日本经验为例》，《亚太经济》2011 年第 1 期，第 90 页。

定会不足。

我国《清洁生产促进法》第二十八条对自愿性环境协议做了原则性的规定："本法第二十七条第二款规定以外的企业，可以自愿与清洁生产综合协调部门和环境保护部门签订进一步节约资源、削减污染物排放量的协议。该清洁生产综合协调部门和环境保护部门应当在本地区主要媒体上公布该企业的名称以及节约资源、防治污染的成果。"该条不仅鼓励政府与企业达成自愿性环境协议，同时还规定了一项"硬性"激励措施，即在主要媒体上对企业的环保行为进行公开宣传。除此之外，各地政府在进行自愿性环境协议的推广时还出台了多种激励措施，如《江西省工业企业节能自愿协议试点工作方案》（以下简称《工作方案》）中规定了以下激励措施，包括向试点企业倾斜优惠政策，优先组织并积极推荐试点企业的节能减排项目申报国家有关专项，优先安排省、市级节能专项资金支持试点企业开展节能减排工作，组织中介机构为试点企业提供政策、技术、管理等咨询服务，搭建政银企合作平台，协调金融机构为试点企业解决节能减排项目的融资、担保等问题，组织各类媒体广泛宣传试点企业节能减排工作成绩和社会贡献，授予试点企业"江西省节能自愿协议试点企业"荣誉称号。比较《工作方案》与上文提到的山东省经贸委所采取的激励措施不难发现，当前政府的激励手段主要包括政策支持、技术支持、资金支持、宣传支持、信贷支持等，但还存在着激励机制不足的问题。国外一些国家在实践中使用税费减免政策达到激励目的，例如，英国在气候变化自然协议项目中碳税减免的政策优惠程度取决于企业完成协议中的目标的情况，如果协议减排目标按照时间表如期实现，则可享受气候税减免80%的政策优惠。瑞士政府也对参与自愿性环境协议并削减碳排放的企业提供碳税税率减免优惠。① 采取税费减免的国家大多都已开征碳税、能源税等专门的环

---

① 董战峰、王金南、葛察忠、高树婷、龙凤：《环境自愿协议机制建设中的激励政策创新》，《中国人口·资源与环境》2010 年第 6 期，第 121 页。

境税类，很长一段时间里，我国仅通过企业所得税、增值税等税收政策进行调整。① 2016 年出台的《中华人民共和国环境保护税法》标志着首次设置专门以环境保护为目标的税类，该法第十三条规定："纳税人排放应税大气污染物或者水污染物的浓度值低于国家和地方规定的污染物排放标准百分之三十的，减按百分之七十五征收环境保护税。纳税人排放应税大气污染物或者水污染物的浓度值低于国家和地方规定的污染物排放标准百分之五十的，减按百分之五十征收环境保护税。"税收政策的完善，为自愿性环境协议激励机制的完善提供了一条可行道路，扩大了税收政策对环境保护的支持范围和力度，丰富了优惠手段和激励形式，改变了以往企业享受优惠政策难的问题。政府在使用税收工具时还应考虑完善与自愿性环境协议的衔接机制，有相当一部分税收优惠政策由于缺乏宣传与细化操作规定，导致企业不了解或难以获得税收优惠，这都有待于政府部门在实践中及时发现并整改落实到位。

　　自愿环境协议的实效性证明它能够成为环境执法力度并不强大的国家和地区的一种制度选择。就我国来说，许多环境法律规定过于笼统和偏重原则性，导致可操作性不强；很多地区环境保护依然让位于经济发展，加上政府部门权力分配的问题，导致环境执法力度薄弱。政府治理环境污染、节约资源的任务日益艰巨，环境行政主体可以"变堵为疏"，采用自愿性环境协议给予企业一定的激励措施和达成环境目标上的充分自由，让环境保护由政府施压转变为企业自主完成。这对于实现我国的环境法治要求有很强的现实意义。

---

① 《中华人民共和国企业所得税法》第二十七条规定："从事符合条件的环境保护、节能节水项目的所得，可以免征、减征企业所得税。"第三十四条规定："企业购置用于环境保护、节能节水、安全生产等专用设备的投资额，可以按一定比例实行税额抵免。"

三、环境行政约谈

环境行政约谈，也有学者称其为环保约谈，是行政约谈在环境治理领域的具体适用，一般认为行政约谈是指在行政相对人将要做出违法行为或已经做出违法行为时，为防止危害的发生或蔓延，行政主体运用协商对话机制，通过约请谈话的方式对行政相对人进行教育、预防、警告和监督的行为。[1] 通过对既有文献的梳理，可以将环境行政约谈分为两类：第一类是外部约谈，即"约谈企业"，相关行政机关对辖区内将要做出违法行为或已经做出违法行为的企业负责人进行约谈，此种意义上的环境行政约谈属于环境行政手段；第二类是内部约谈，也叫环境督政约谈，指具有管理职权的行政机关，针对下级行政机关采取谈话、听取意见、普法教育、提供信息、违法预警等方式，对其组织管理或社会治理所涉事项中的问题予以规范纠正或加以预防的行为。[2] 原环保部于 2014 年颁布的《环境保护部约谈暂行办法》中首次对环境督政约谈进行了规定[3]，2020 年生态环境部修订的《生态环境部约谈办法》第二条规定："本办法所称约谈，是指生态环境部约见未依法依规履行生态环境保护职责或履行职责不到位的地方人民政府及其相关部门负责人，或未落实生态环境保护主体责任的相关企业负责人，指出相关问题、听取情况说明、开展提醒谈话、提出整改建议的一种行政措施。"新修订的《生态环境部约谈办法》对环保约谈的对象进行了扩充，将企业负责人正式纳入了环保约谈的对象范围，契合构建新型环境治理体系的内在要求，对进一步发挥环保约谈的制度作用具有十分

---

[1] 吴志红、李兆鹤：《我国环境行政约谈制度之完善》，《行政与法》2018 年第 11 期，第 105 页。

[2] 孟强龙：《行政约谈法治化研究》，《行政法学研究》2015 年第 6 期，第 110 页。

[3] 《环境保护部约谈暂行办法》第二条规定："本办法所称约谈，是指环境保护部约见未履行环境保护职责或履行职责不到位的地方政府及其相关部门有关负责人，依法进行告诫谈话、指出相关问题、提出整改要求并督促整改到位的一种行政措施。"

重大的意义。本书专门研究以企业为对象进行的环境行政约谈。

（一）环境行政约谈的实践现状

《生态环境部约谈办法》在第二章规定了九种约谈情形，其中以企业为约谈对象的情形都要求已经发生违法行为且产生重大影响，这与生态环境部的职能定位有一定关系，作为中央政府部门很难全盘掌握地方的环境治理详细情况，只有当发生具有恶劣影响的环境违法行为时，才有可能使用这一最高级别的环保约谈。与之类似的还有《环境监察办法》第二十五条的规定："企业事业单位严重污染环境或者造成严重生态破坏的，环境保护主管部门或者环境监察机构可以约谈单位负责人，督促其限期整改。"该办法规定的约谈情形同样以已经做出违法行为且造成严重影响为前提。《限期治理管理办法（试行）》第十一条规定："环境保护行政主管部门认为必要时，可以就污染源限期治理事项，约谈排污单位的法定代表人或者其他主要负责人。"该办法代表了另一种常见的约谈情形，被约谈对象还没有做出行政违法行为或有一定轻微违法现象，环境行政机关主动约谈相关企业，要求其限期做出整改。目前，在我国为解决环境问题出台的众多地方性环境行政约谈规范性文件中，其约谈行为启动的条件主要设计为企业存在环境违法行为、未按照要求完成限期整改及涉及环境安全重大隐患、重大环境信访事项等情形。这与环境保护的"预防优先"的理念存在着一定差距。另外，还要看到，现有各地出台的环保行政执法约谈制度主要针对的对象也较有局限性，主要限制在重大环境问题、可能产生不良社会影响的环境问题或因环境问题被挂牌督办、限批、限期整改等情形，更具普遍意义的一般环境问题的预防、治理则未在现有环保执法行政约谈制度中体现出来。此外，实践中还存在其他形式多样的环境行政约谈，根据其具体发挥的功能及行政强制力的不同可以做以下分类。第一，纠纷协调型。此种环境行政约谈是指环境行政机关依据法律法规、规章的授权，由相对人申请，对不构成环境违法的环境问题进行居中调和的约谈形式，通过与企业、环境利益群体进行直接沟通交流、听取意见、研究办法，督促相关企业及时解决有关环境纠纷。需要注意的是，此种类型的环境行政约谈应当以当事人申请为原则，否则会陷入政府干预私权的质疑。① 第二，决策参谋型。此种环境行政约谈是指环境行政机关为达到环境治理的目的，在行政过程中邀请企业、环保组织、行业协会、社会公众等特定对象，对某项决策进行评估、提供意见，并予以反馈的约谈形式，行政主体通过寻求社会公众的"集体智识"或专家的"特长智识"，弥补决策者在环境治理中"个体智识"的不足②，且通过民主协商的方式，将企业、社会公众等主体纳入决策的过程中来，这一方面增强了决策的民主性、合理性与科学性，另一方面使其他主体对决策的接纳程度也更高。第三，违法预警型。此种环境行政约谈是指环境行政机关在履行职能时预见到相关企业可能发生违法行为或已经有轻微违法的，以预防或抑制为目的进行的行政约谈。此种约谈是实践中最常见的情形之一，也是服务型政府的理念要求。环境治理中长期以来存在政府与企业、社会公众信息不对称的问题，环境行政机关在客观上拥有预见违法行为的能力，通过环境行政约谈，将自身掌握的信息分享给其他主体，同时也反映了以往"先污染、后治理"这一治理理念的转变。《张家港市环境保护约谈制度》中规定了类似的约谈情形："区域内存在重大环境安全隐患，可能发生重大环境安全事故的，应当依照本制度进行约谈。"《青岛市环境保护约谈办法（试行）》对此也进行了规定："危险废物、危险化学品、重金属排放管理不当，存在重大环境安全隐患的，由市政府委托市环境保护委员会办公室负责人或市环境保护委员会专业委员会办公室负责人约谈责任单位负责人。"违法预警型行政约谈是预防为主、风险防范这一方针的有效落实，对消除隐患及防患

---

① 杨华权：《知识产权纠纷中的政府约谈——兼评政府的知识产权意识》，《科技与法律》2011 年第 6 期，第 78 页。

② 孟强龙：《行政约谈法治化研究》，《行政法学研究》2015 年第 6 期，第 113 页。

于未然大有裨益。第四，执法和解型。此种环境行政约谈是指行政机关为达到特定环境治理之目的，在相关企业存在轻微违法的前提下，要求企业对该违法情形做出解释说明，若企业能做出合理解释且及时采取行动纠正违法行为，则行政机关减轻对企业的处罚或不予追究的约谈形式。此种约谈对应的对象是行政争议，环境行政机关作为一方当事人，参与行政和解法律关系中，在授权范围内与相对人进行协商、妥协，涉及一定的行政裁量权。第五，督办处罚型。此种环境行政约谈也是实践中最常见的类型之一，是当企业存在违法行为时，行政机关采用约谈警示的方式纠正该违法行为，要求企业为或不为一定行为，以督促其限期完成整改的约谈形式。

（二）环境行政约谈的理论基础及必要性

近年来我国环境治理任务出现了新的变化，政府部门由此需转变以往强硬的行政执法方式，特别是在环保领域，为了达到环境质量明显改善的总体目标，环境部门除以身作则之外，还必须引导社会责任主体主动守法，并吸收社会合力，共同进行环保工作的全方位推进。行政约谈制度在环境领域中所具有的激励与防范功能和新型环境治理体系非常契合，从预防功能上来说，环境行政法的研究对象不再以司法为中心，视野也从行政的边缘，进一步深入环保部门活动的内核。将法学研究视角贯穿于政府活动的整个过程，行政法已经开始关注政府守法的研究，比如，通过约谈纠正轻微行政违法行为以达到监督和促进行政工作人员自觉守法的预防效果。从鼓励功能上来说，其表现形式主要有两种：外显型激励及内隐型激励。内隐型激励机制有时也叫作"信誉机制"，它是主体出于维系长期协作关系的考量而对当下的即时利益做出取舍的行为，对"背离信誉"的惩罚并非来自合同规定或司法层面的惩罚，而是未来协作关系的中断。外显型鼓励指的是当事人可以预见的在规定时间内其能得到的实质性受益。它包含由契约明确规定的补偿，还包含契约规定以外的精神或物质方面的补偿。外显型激励的特征为当事人能够预期可能获得的收益，从而引导当事人主动为或者不为的一种激励手段。环境行政约谈是监督责任主体自觉依法履行职责的有效手段。环境行政管理部门和行政相对人的主动守法行为都对环境治理起到了重要作用，环境污染的主要成因即行政相对人的排污行为，而环保行政部门的执法监督则是督促行政相对人规范自身排污行为的有力保障。在环境行政约谈中，约谈的双方主体为环保行政机关与企业，环保行政机关放下长期以来"官本位"的优势地位，约请广大企业主动加入环境治理的过程中，在双方处于平等地位的基础上进行沟通。通过约谈有助于加强企业对有关环境法律法规的认识，防止企业因为不了解有关规定而造成环境违法，从而增强了企业的法律意识。通过环境行政约谈，企业管理者能够认识其在经营管理活动中的缺陷，在环保部门的引导下，企业主动提出限期整改措施和处理方法。政府部门也能够从约谈中全面掌握企业的问题和要求，做出相适应的行政行为，在环境治理体系中最大限度地维护企业的合法利益。尽管环保约谈在多数情形下不具备强制执行力，但通过环保约谈，使得企业可以预期到成本的节约，使得企业在未来规划时愿意配合环保部门参与环境治理，通过柔性手段将企业真正纳入环境治理体系中。从另一方面来看，环境行政约谈能在环保部门对污染企业做出惩罚性措施前提供必要的缓冲作用。排污企业通过与政府环保部门的约谈，及时了解到自身的环境违法行为，主动采取整改措施，以便于根据双方约谈所确定的目标进行顺利有序的改进，避免因其违法行为而直接受到行政处罚措施。必须注意的是，此种柔性约谈制度并不意味着企业能够无视约谈部门的合理意见。环境行政机关如有足够证据证明污染企业实施了违规的环境约谈事项，则应对污染企业提出警示，在必要时实行强制手段进行干预。同时政府部门还应根据约谈达成的协议协助企业做出行之有效的整改方案，并对企业整改的具体实施情况加以监管，引导企业主动参与到多元环境治理体系中来，以期达到自身经济利益与环境公共利益之平衡。

比较传统的政府行政行为，行政约谈的特征非常明显，对研究环保约谈具有十分重要的意义，分析约谈的特征可以洞察约谈的实质，从而规范约谈活动。环保约谈的第一个特征是平等协商性。环保约谈作为一种新型政府活动，其最大的亮点在于民主与协商。约谈也就是约请交谈，能够进行谈话的前提是政府与企业双方处于平等地位，因而，环保约谈的各方都应当是平等、自愿的，所制定的整改方法也是由各方共同商讨完成的。平等协商性由此也可以认为是环保约谈的题中应有之义。最理想的防范与制止环境违法行为的方式当数违法行为人自觉主动整改并杜绝再犯。比较传统的威慑式管理办法，环保约谈采取各方平等协商的方式，对减少政府与行政相对人间的矛盾有着明显的优势。环保约谈的第二个特征是非强制性。环保约谈的非强制性早已获得了学界的广泛认可，其非强制性主要表现在以下两方面：一是被约谈人是否自愿参与约谈，二是被约谈人对所达成的协议是否接受。若政府以其强制力促成约谈，将会损害环保约谈内在的民主与协商之属性，违背约谈制度设立的初衷，既违背信赖保护原则，同样有损政府的公信力，加剧社会公众与政府部门间的矛盾冲突。环保约谈的第三个特征是辅助性。环保约谈作为一种独立的行政行为，在特定情形下可以起到辅助其他行政行为的作用。在进行环境治理时，如果当事人因环境污染行为需要受到相应的行政处罚，而其污染行为又可能具备约谈之条件，此种情形下采取约谈之途径能够让行政相对人全面掌握其违法行为的具体情况，当双方通过民主协商达成整治工作方案后，再开展后续的执法处罚活动将会更具效率，及时处理因污染环境造成的环保问题。环保约谈作为行政约谈的重要组成部分，其特征通常和一般行政约谈是相同的，但是因为环境治理问题复杂多变，在环保约谈中时常会出现与其基本特征相背离的情况，这也是目前环保约谈制度建设过程中面临的主要问题。

（三）环境行政约谈的制度设计

环境行政约谈的执行主体应当进行分层设计，在地市级一级，除了要继续坚持地方人民政府、环境保护部门、组织部门及监察部门的约谈主体地位，检察机关同样可以纳入约谈主体，对配合环境公益诉讼制度、发挥其公益诉讼之主体地位大有裨益。参与主体方面，在继续坚持政协委员、人大代表、社会公众及媒体监督的基础上，尝试吸纳相关领域的社会组织及具有专业知识的专家学者，进一步发挥社会力量在环境行政约谈中的重要作用，也有助于增强环保约谈的公正性、科学性及社会接受程度。完善环保约谈双方主体间的磋商机制同样是环保约谈制度设计的重要组成部分。进一步转变当前环境约谈制度中约谈主体过于强势的问题，进一步明确行政相对人在约谈时享有的权利及应履行的义务，允许行政相对人在约谈中保有解释、说明的权利，建立起有效的双向沟通平台，在最大程度上增强环境行政约谈的民主协商性。过去的环境实践模式以行政相对人与环保行政机关间的对抗为主，行政相对人与环保行政机关间甚至不信任、不合作。鉴于环境领域违法行为的特殊性及环境损害结果的复杂性，扭转过去对抗为主的实践模式转而充分发挥环境协商制度的优势显得尤为重要，加强约谈主体和行政相对人间的磋商、交流，进而增强相对人对环境治理的可接受程度。与政府内部的行政约谈不同，在面向以环境企业为主的行政相对人进行约谈时，必须充分重视行政相对人的合法权益问题，进一步将环保约谈制度中的民主协商、沟通合意、契约自觉等关键元素表现出来，这对行政相对人自觉遵守环境法律法规及约谈达成之协议有着重要作用。环境治理问题的复杂性呼唤多元主体建立起行之有效的协商机制。进行环境行政约谈时要充分倾听利益关联主体的意见，使多元利益主体一起参与到环境治理体系中，充分调动利益主体的主动性及创造力，提高契约的可接受性及科学性。

环保约谈制度作为一种行政机关进行环境治理的新举措，从诞生之初就以民主协商为核心。环保约谈制度的实施与进一步完善必须坚持这一核心立场，在当下的环保约谈实践中，仍存在约谈主体以自身强制力促使行政相对人以达到环境治理目的的情形。此种情形下尽管行政相对人在约谈过程中也具有协商的可能性，但协商之开启仍然掌握在行政机关手里，同样，商谈的范围与所达成的协议，对行政相对人而言均无法获得有效保障。环保约谈过程中民主协商的缺失，会进一步加剧行政机关与行政相对人间的地位失衡，环保部门利用其所掌握的行政强制力要求行政相对人为或不为一定行为，造成行政相对人的权益受到损害，因此尽量减少隐性强制是当前环保约谈制度发展的重点与难点。减少隐性强制、进一步强化民主协商属性，可以从以下三个角度入手。一是改变环境治理理念。理念决定行为，约谈主体要完成由管理者向服务者的理念转变，明确环保约谈是以民主协商为基础、合作共赢为目标的新型环境治理手段。二是在立法中明确有关协商的规定。法无规定而不能为，依法行政原则要求环保部门在法律授权范围内行使法定职责，但在进行环境治理的过程中难免遇到进行自由裁量的情形，因此对环保约谈这一新型的环境治理措施必须采用审慎的态度，避免自由裁量权过度运用而突破法规边界，从而损害相对人权益。因而，在立法中明文规定"协商"有着重要意义。三是要尽量规避强制性措施的运用。在环保约谈的过程中采取强制性措施可以说是违反了其设立之初衷。当前约谈实践中存在的强制手段，多为行政机关为达成环境治理目的而采取的捷径。行政机关相对于行政相对人天然处于强势地位，这样的差异难以轻易改变，因此更应该限制行政机关在环保约谈中强制措施的使用，避免环保约谈成为另一种形式的行政处罚。约谈的主要目的之一就是教育被约谈人主动遵守法律法规，从源头上预防环境损害的发生。对还未造成环境损害结果的被约谈人而言，通过平等交流的方式提升守法意识与环境保护意识，显然比命令更行之有效。对已经造成环境损害结果的相对人而言，通过约谈的方式达成协议，远比受到行政处罚易于接受。健全环保约谈的救济与保障体系是完善约谈制度的重要措施，权利得到救济是被约谈人的最后一道防线，但目前在保障被约谈人权利方面仍有不足。权利救济主要缘于行政相对人合法权利未得到落实或受到约谈人的侵害，因此首先需要确定行政相对人作为被约谈一方有何种权益。行政相对人的权利主要包括针对约谈事由进行申辩的权利、对整改方案参与协商合意的权利、否决不合理整改方案的权利。《行政复议法》规定，行政相对人认为行政机关的具体行政行为侵犯了其合法权益时即可以提出复议以保障自身合法权益，将环保约谈纳入行政复议的范围在理论上并不存在争议。此外还应扩大环保约谈公开之内容，将约谈的过程与所达成的整改方案充分公开，既便于公众、社会组织及利益关联主体等掌握约谈的具体情况，也有利于其他主体进行监督。落实环保约谈中的公民参与环节，通过公开环保约谈的具体内容使得公民进一步参与其中，既保障了公民权利的实现，同时对提升公民的环境保护意识及环境守法意识大有裨益。

四、环境行政指导

环境行政指导，通常是指环保行政机关在其职能、管辖范围内，以环境治理为目标，依据法律法规及相关政策，在相对人同意或配合下，适当灵活地采用引导、劝说、建议等非强制性方式，以达成环境行政目的的行为。从这一定义可以发现，环境行政指导尽管是一种柔性的、不具备强制性的环境治理手段，其仍会对环境相对人造成一定影响。环境行政指导受行政法中平衡理念的影响颇深。其观点主要为：在面对复杂的环境治理问题时，行政机关一味地采取强制手段往往并不能奏效，需要采取一些如激励、引导等柔性的措施，引导行政相对人参与到环境治理中来，以实现环境治理目标，在平衡强制性手段与柔性手段的过程中同时达到权利与权力的平衡。在传统的环境治理模式中，公法因素占据了绝对主导地位，环境行政机关通过向相对人开展行政指导，将私法因素加入新型环境治理模式，实现了公法与私法对立之突破。

（一）环境行政指导应用于环境治理的必要性

现代行政对行政机关提出了更高的要求，在环境治理中，环境行政机关不仅要做到依法行政，不侵害其他主体的合法权利，更要为私权的实现扫除障碍，以达到维护社会公共利益的目的。在环境治理领域，因不作为而被认定为没有履行法定职责，进而被认定为行政违法的情形越来越多。环境行政指导不同于以往"命令—控制"型治理手段，环保部门利用自身信息、专业优势为环境关联企业提供相应服务，以实现环境治理的行政目的。环境治理的专业性与复杂性要求环境行政机关将治理延伸到环境问题发生之前，积极预防环境问题的发生。环境行政指导是传统"命令—控制"型规制手段在环境治理领域的有力补充，通过环境指导，将行政机关的治理范围集中、扩展到预防阶段，行政机关利用自身的信息、技术优势，提供相应的指导及激励措施，引导企业、公众等其他主体进行清洁生产、主动参与到环境保护中来，扭转以往"先污染、再治理"的环境治理模式，提高环境保护的切实效果。行政相对人在环境行政指导中，更加主动地参与到环境治理中来，改变了以往完全服从于行政机关、被迫接受行政处罚的处境，构建了一种新型的环境治理秩序。它用"民主协商、协作治理"来协调以往行政机关与行政相对人间的对立关系，用"互利共赢"来增强环境企业、社会公众参与环境治理的积极性。相较于传统规制手段，环境行政指导行为具有更强的民主协商性和参与性，社会公众对此种柔性的方式往往更易接受，并给出积极的反应。环境治理中，多元主体之间的矛盾和冲突是难免的，随着市场经济的蓬勃发展，在当下及未来一段时期内，此种环境利益的矛盾和冲突仍会一直存在，环境行政指导这一柔性协调方式正是政府当下急需的环境规制手段。

因环境问题的区域差异性，将法律和条例一律机械地限制在同一标准或方式上，则对环境保护所起的作用显然是不充分的。例如，在环境污染防治方面，在全国范围内适用统一的国家环境标准，很难做到具体情况具体对待，通过辅以环境行政指导行为，可以弥补环境标准普遍适用的不足。传统"命令—控制"型环境规制手段对尚处于萌芽阶段或没有造成严重影响的环境问题仍然不能做到有效预防和及时规制，历史经验表明，此类环境问题如果不能得到及时规制很有可能发展成更加恶劣的环境问题。通过环境行政指导，对尚处于萌芽阶段或没有造成严重影响的环境问题及时治理，提高了政府的行政效率，在依法行政的基础上，强调充分发挥环境行政机关的创造性与积极性。环境行政指导制度仍应贯彻依法行政原则，其具体表现为环保部门做出行政指导时应满足权限、目的、程序合法。首先，权限合法强调只有法律授权的环保部门才有权做出环境行政指导行为，并非一切环保部门皆可对污染企业做出环境行政指导。其次，目的合法意味着行政指导行为必须以环境治理为目的，环境行政机关在做出行政指导行为时，自由裁量权的应用都应当受到约束，严格按照法律规定审慎行使权力。最后，建立环境行政指导制度还应当重视行政指导的程序合法问题。环境行政机关在开展行政指导工作时，必须遵循法定程序。对做出行政指导的目的、内容、负责人员等要对相对人告知和说明，出示相关文件、资料、数据供相对人参考，听取行政相对人意见等。

（二）环境行政指导制度的完善

作为一种不具有强制性的非权力行为，环境行政指导区别于传统的"命令—控制"型环境规制手段，相对人是否配合与同意很大程度上决定了行政指导的内容能否得到有效落实。环境行政机关在做出行政指导时以维护社会公共利益为自己的目标，尽管环境行政指导行为不是根据禁止性规范做出，但值得注意的是，行政机关一方在客观上仍处于绝对强势的地位，因此很可能因为行政权的不当介入造成事实上的变相强制，违背了建立环境行政指导制度的初衷，同时行政机关还需要承担确定的否定性法律后果。环境行政机关在做出行政指导的过程中不是以行政权强制要求相对人服从，而是以服务者与激励者的身份提供自己掌握的信息及技术帮助，进而影响相对人接受指导，为或不为一定的行为。环境行政指导双方具有相对平等的法律地位，环境行政机关具有以激励、引导为主的灵活环境行政方式，在引导私益的追求中实现环境公共利益，为相对人提供各种便利，对相对人主动参与环境保护的行为进行激励，引导相对人自觉向着有利于环境保护这一行政目标的方向发展。环境行政指导过程中的公众参与对于增强行政指导的合理性和公众可接受性、监督环境行政指导的实施以及提升公众的环境参与意识具有无可替代的作用。相对人有权对环境行政机关行政权力的运用提出评价、意见，对环境行政权力运用具有评判权。环境行政主体在实施行政指导之前应当鼓励相对人参与决策，环保部门可以通过调研、召开听证会等方式为环境行政指导相对人提供反馈意见、参与指导决策的途径。只有充分拓宽相对人参与决策的途径，才能切实保障相对方的合法权益。环境行政指导多数是在环境污染行为及结果发生之前或正在发生时做出的，因此可以防范因行政专横而易于产生的环境行政违法及其可能产生的损害结果。环境污染企业及其他环境行政相对人合理地行使自由裁量权和建立环境行政指导制度都具有积极意义。其次，还应当建立重大环境行政指导决策听证制度，环境行政机关将一项指导措施公布之后，当事人或者公众认为环境行政指导将会侵犯其合法权益，有权利要求做出该行政指导行为的环保部门召开听证会。环保部门认为有必要时，也可以主动对可能造成重大环境影响的行政指导行为召开行政，听取相对人针对环境行政指导措施的意见和建议。采取听证程序，可以避免不当的行政指导得以推行，加强公众参与。另外还应当建立健全信息公示平台，完善环境信息发布、提示制度，其表现形式可以为部门规章，也可以为工作制度，为环境指导相对方提供及时有效的信息服务，对引导环境关联企业合法经营、避免环境污染行为的发生、保障社会经济平稳健康发展大有裨益。

救济缺陷是世界各国运用行政指导进行行政管理存在着的普遍现象，而行政指导的救济缺陷已成为公众责难行政指导制度的一个重要原因。补偿环境行政相对人因环境行政指导而受到的损失，对做出错误环境行政指导的行政机关追究其责任，不仅能有效保障指导相对方的合法权益，同时也能督促行政机关在做出环境行政指导时审慎而为，避免造成不必要的环境行政违法。作为行政指导的相对方基于对环保部门的信赖而配合相关指导意见的落实、按照指导要求进行整改，在此过程中自身合法权益受到损害，这一损害结果与环保部门做出的相关行政行为存在因果关系。因而，有必要进一步完善环境行政指导救济机制。首先，可以将部分符合条件的环境行政指导行为纳入行政复议及行政诉讼的救济范围，从两个角度即环保部门的内部监督和司法机关的外部监督对指导相对方的合法权益进行保护，以此规制司法实践中大量存在的不合规甚至不合法的环境行政指导行为。除此之外，其他诸多与环境行政救济有关的制度，包括行政苦情、行政监察、行政赔偿、行政补偿等制度，鉴于我国国情，应该选择多种方式视情况对环境行政指导受害相对人进行救济。上述救济制度以各自不同角度对行政行为造成的损害后果进行救济，以期淡化行政相对人对环境行政主体产生的不信任，缓解二者之间由于指导不恰当造成的矛盾僵化关系。在救济过程中，尽量将判定标准客观化，采取举证责任倒置的方式，将自由裁量的内部性转化为判定标准的外部性，从而较好地规制环境行政指导行为。

五、绿色信贷

（一）绿色信贷的兴起

商业银行等金融机构相较于直接从事工业生产的企业来说，同环境治理与可持续发展的问题并没有很强的关联性，从生产方式的角度来看，银行业属于清洁产业的范畴，另外，要求银行对用户的环保状况进行评估在过去被认为有干涉其内部经营活动之嫌。然而，银行通过向企业发放贷款，不可避免地会与最终造成环境损害结果的生产活动联系在一起。从另一个角度来看，某些没有达到环保标准、实际上违反了环境法律法规的企业或项目从商业银行处得到了贷款支持，从实质结果看商业银行对环境损害起到了助推作用。因此，近年来根据商业银行社会责任学说的理念，金融机构与环境产业间的联系被越发重视。商业银行考虑在对企业授信与否时，越来越多地将环境因素纳入考量范围，因而其在构建绿色金融体系中占据了十分重要的位置。根据上述背景，商业银行过去传统的贷款机制已经不能满足其被赋予的新的环境要求，由此，绿色信贷作为商业银行承担环境责任的方式而出现了。绿色信贷通常是指商业银行、金融监管机构利用信贷或者政策要求企业符合指定环境目标以促进环境保护、预防环境污染行为产生之制度。常见的绿色信贷形式包括对节能环保项目提供贷款优惠；对高耗能、高排放项目提高贷款门槛；对有明确规定已经淘汰的项目停止发放贷款，已经发放的及时追回贷款并追究违规发放贷款之责任；对明确规定应当限制授信的项目严格贷款的发放，原则上不给予贷款支持。从上述定义中，可以归纳出绿色信贷包含的三个核心内容：一是正向激励，通过授信政策等鼓励企业主动进行环境合规；二是负向惩罚，对违反环保标准、已经或将要造成环境损害结果的企业及项目通过严格发放贷款、不予发放贷款并及时追究违规发放贷款之责任的手段进行惩戒；三是风险管理，商业银行作为放款人，采取绿色信贷政策不仅能引导环境企业积极履行环境义务、主动进行环境合规，同时也能预防环境损害结果的发生，降低环境信贷风险。

（二）绿色信贷的政策体系

一般认为，原国家环境保护总局于 2007 年发布的《关于落实环保政策法规防范信贷风险的意见》是我国首个绿色信贷政策文件，该意见首次从国家层面上确定了将金融行业加入环保主战场，将绿色信贷政策切实纳入我国环境经济政策体系，使之成为绿色金融政策的重要组成部分。同样是在 2007 年，原银监会发布了《关于防范和控制高耗能高污染行业贷款风险的通知》，该通知重点聚焦在高耗能、高污染的"两高"企业，加强对其的持续监控，压缩、回收落后生产能力企业的贷款。同年发布的《节能减排授信工作指导意见》强调除严格控制"两高"企业的授信外，对符合环保标准的企业或项目也要有重点地满足其贷款需求。2007年一系列政策的出台，奠定了我国"以政策引导为主"的绿色信贷发展道路。将时间轴拉长来看，我国的绿色信贷政策体系可以划分为四个部分。

我国绿色信贷政策体系

	典型文件	政策解读
一是绿色信贷制度的框架规则	1.《关于落实环保政策法规规范信贷风险的意见》 2.《关于防范和控制高耗能高污染行业贷款风险的通知》 3.《节能减排授信工作指导意见》	这些规则对商业银行开展绿色信贷业务的管理方式、对象划分、考核政策等框架性内容做出统括性的规定，以引导信贷资金投向绿色环保、节能减排的领域
二是关于绿色信贷统计监测的政策规则	以《绿色信贷统计制度》为代表	目标在于定期统计商业银行涉及落后产能、环境、安全等重大风险企业信贷情况，支持节能环保项目及服务情况，绿色信贷资产质量情况，以及贷款支持的节能环保项目的年节能减排能力情况等

续表

	典型文件	政策解读
三是关于考核评价的政策规则	1.《绿色信贷实施情况关键评价指标》 2.《银行业金融机构绩效考评监管指引》	这类政策文件的作用在于组织国内主要商业银行开展绿色信贷自评价，督促其全面对照标准自查绿色信贷工作中的缺陷并及时整改
四是关于环保部门与商业银行及企业间信息共享的政策规则	1.《关于共享企业环保信息有关问题的通知》 2.《关于规范向中国人民银行征信系统提供企业环境违法信息工作的通知》 3.《关于全面落实绿色信贷政策进一步完善信息共享工作的通知》	这类政策文件往往由主管部门牵头且涉及多个主体，以建立信息共享机制为目标，及时收集并向各商业银行通报违反环境保护法律规定的企业名单

　　归纳现有的文件，不难发现有关行政部门出台的绿色信贷政策基本上都可视为直接规制型，即直接要求商业银行在对环境企业进行授信活动时满足一定的条件或目标，在绿色信贷发展较早的国家，除直接规制的手段外，更多运用如财政补贴、税收减免等经济工具。行政机关除直接出台相关绿色信贷政策，要求商业银行开展绿色信贷业务外，还可以通过财政补贴的方式，由政府财政负担商业银行执行绿色信贷产生的额外成本。然而财政补贴的形式并没有成为我国推广绿色信贷的主要手段。据上文所提到的相关绿色信贷政策文件可以看出，多数文件以"指导""意见"为名，

可以说这些政策文件多数情况下都不包含明确的法律责任，属于行政指导之范畴，因此，商业银行若没有按照这些政策文件的要求开展绿色信贷是否要承担法律责任是不明确的。在实践中，金融监管部门及环保部门为了贯彻绿色信贷政策，往往会采取类行政手段来要求商业银行按政策要求行事，使得本应属于软法性质的绿色信贷政策文件具有类似行政命令的地位。据此，一些政策文件中引导性、倡议性的条款在实践中被赋予了与初衷相悖的强制力。尽管绿色信贷涉及环保及金融两个领域，但在我国绿色信贷制度发展的过程中，金融监管部门相对于环保部门来说起到了更大的作用，以绿色信贷政策文件的发布主体来看，多数已经出台的文件都是由金融监管部门为发布主体，从实际效果来看，金融监管部门对商业银行就绿色信贷领域有着更为直接和有效的影响力。从这个层面上来说，我国当前的绿色信贷政策体系实质上是让金融监管部门代替环保部门发挥了部分作用。

（三）绿色信贷发展的国际比较

他山之石，可以攻玉。美国作为最早发展绿色信贷政策的国家，在发展初期同样采取了政策推动的方式，1980 年美国出台了《超级基金法案》，该法案规定，若借款人得到贷款后造成了环境损害结果，提供贷款的商业银行应对损害结果负责，商业银行只有在企业保证对环境及社会负责的情况下才能向其开展授信业务。如果企业的相关生产经营活动造成了环境的破坏或存在潜在环境破坏的风险，授信银行即应对此承担责任。除《超级基金法案》外，美国还颁布了数量众多的绿色信贷政策法规，对节能环保类项目予以支持，严格限制高耗能、高污染项目，从而进一步刺激和促进了绿色信贷业的发展。其中，以财政补贴及税收减免为主的激励机制为美国绿色信贷政策顺利发展起到了重要作用。1978 年美国出台了《能源税收法》，根据该法的规定，消费者若购买低于 2000 美元的绿色产品可以享受 30% 的购置税折扣，购买绿色产品超过 2000 美元的可以享受 20% 的购置税折扣，补贴力度不可谓不大。① 针对高耗能、高污染类项目，美国具有完备的环境法律体系，包括水环境、大气环境、废物管理和清洁生产等，每部法律都对企业在环境方面应当承担的责任提出了严格的要求。完善的法律、高昂的违法成本，迫使企业必须严格遵守规定，约束自身行为，从源头上有效遏制了高污染、高耗能项目的发展，也使金融机构必须警惕对此类项目发放信贷的金融风险，保证了绿色信贷的顺利实施。除了出台政策予以支持，美国在发展绿色信贷的过程中还产生了一种自愿实现机制，其中以"赤道原则"为典型代表。采用"赤道原则"的商业银行在向企业进行授信时，应对企业之生产活动可能造成的环境影响进行评估，并通过降低或提高贷款利率、不予发放贷款等方式促进企业履行环境责任。"赤道原则"的核心理念是通过对放款项目进行环境风险评估及分类，对准予授信的项目进行跟踪评价、后续指导等。美国花旗银行作为最早加入"赤道原则"的商业银行之一，在推广绿色信贷方面起到了重要作用。其于2003 年制定了环境与社会风险管理体系，从信贷和声誉风险角度控制环境与社会风险，同时对可再生能源信贷给予大力支持，这一管理体系对其他商业银行发展、采纳"赤道原则"做出了正面示范。

英国同样是最早推行绿色信贷政策的国家之一，该国内的巴克莱银行，制定了一个涵盖50 多个行业的信贷指引，指引对项目可能造成的环境风险进行等级划分，并对企业是否合规制定了明确的判断标准，此举对有效落实绿色信贷政策提供了支持。英国汇丰银行也制定了环境业务信贷指引，该行还推出了绿色购物补贴政策，持汇丰银行卡的用户可以以优惠的折扣或较低的借款利率购买环保产品，与此同时该绿色产品利润的50% 将被应用于其国内的绿色环保项目。商业银行主动响应绿色金融的趋势，与政府提供的配套性绿色政策息息相关，以政府的贷款担保政策为例，该政策主要对主动进行环境合规的企业进行担保，即使这类企业规模并不大且

① 纪霞：《国外绿色信贷发展经验及启示》，《改革与战略》2016 年第 2 期，第 57 页。

并不具有很强的还款能力，其也可以在政府的担保下获得 7.5 万英镑的贷款，政府在替企业进行担保的同时对企业的生产活动承担风险。

（四）现有绿色信贷的实施路径及建议

商业银行始终以盈利为第一目的，因此接受"赤道原则"的商业银行在很大程度上仍是出于一种理性的商业选择。一方面，商业银行向社会公开自愿接受"赤道原则"，可以获得更大的社会影响力，在越来越追求生态文明建设的今天，主动承担环境社会责任的行为无疑会极大地提高自身的声誉；另一方面，商业银行作为债权人同样担心借款人因环境违法行为而影响自己的声誉。商业银行依据多数信贷指引只需对企业是否符合环保标准进行一些额外的调查，尽管放弃一些数额较大但可能造成环境损害的项目会导致短期收益的下降，但进行环境合规带来的长期利益及声誉提升同样重要。综合考量下，商业银行自愿接受"赤道原则"是符合自身利益需求的。在绿色金融体系中，"赤道原则"是一种典型的软法规则，其并非由立法产生，主要是由金融机构间及金融机构内部自我规制。

在国外绿色金融的实践过程中，金融机构之所以愿意接受"赤道原则"等绿色金融政策，很大程度上是因为有社会力量的监督，而将自愿实施机制作为我国当前推广绿色信贷的发展手段尚不具备条件，行政强制力仍将在当前一阶段发挥重要作用，这一定程度上与我国国家主导金融市场有关。因此，绿色信贷制度在我国进行全面推广仍具难度。《中国钢铁行业绿色信贷指南》是我国首个专门行业绿色信贷指南，标志着我国在环境风险评估专门化方面的进步。一方面，仍向发达国家学习已颁布的行业绿色信贷指南；另一方面，对没有绿色信贷指南的行业及时补足，做到有规可依。由于行业间存在较大差异，且反映在环境领域这一差异会更加放大，因此在制定各行业绿色信贷指南时，要充分借助本行业的行业协会、具有专业知识的专家学者及对应的环境保护部门的力量，建立起科学、符合实际、可供执行的行业指南。

　　我国的绿色信贷制度正处于发展初期，环保部门及金融监管部门应多出台以财政补贴、税收减免为主的激励性绿色信贷配套政策，以期促使金融机构主动开展、配合绿色信贷业务的推广。建立健全绿色信贷绩效指标体系，包括在商业银行内部及金融机构外部进行绩效考核，以此作为对各商业银行进行政策扶持或惩戒的依据，给予商业银行积极推广绿色信贷业务之动力。除此以外，要充分借助社会力量，尤其是发挥公众及社会组织的监督作用，进一步拓展公众参与的渠道，有效监督商业银行在重点环境领域的放贷行为，也要发挥专家学者的力量，对评估体系及评价标准进行及时的反馈，以期助力绿色信贷的可持续发展。此外，要完善环境信息共享平台，不仅是公开共享污染企业的环境污染信息，也要公开监管主体所掌握的信息，预防环境损害的发生。出于对自身声誉的考虑，强制企业向社会公开环境信息会使企业减少可能造成环境污染的生产活动，主动配合环境合规监管，增加符合绿色生态理念的投资及生产活动。

六、政府引导"互联网＋"公益项目

　　2013 年，召开的十八届三中全会中审议通过的《中共中央关于全面深化改革若干重大问题的决定》明确指出，进一步构建生态文明制度，强调市场在配置资源中的决定性作用。进一步推进第三方参与环境问题治理，建立健全生态治理的市场化机制，以政府投资为基础吸引社会资本的投入。2015 年国务院发布的《国务院关于积极推进"互联网＋"行动的指导意见》明确要求，发挥企业的主体作用，大力推进社会经济各领域与互联网的深度融合，转变政府服务模式。将互联网与环境保护融合是顺应时代潮流之举，企业和社会公众依托互联网平台参与环境治理，形成多元化的治理机制。在环境保护领域，越来越多的企业看到了承担社会责任对企业自身带来的正面影响，以"蚂蚁森林"互联网公益造林项目为例，截至 2020 年 9 月 26 日，"蚂蚁森林"项目造林总数超 2.23 亿，与此相对应的

是"蚂蚁森林"参与用户达 5.5 亿，其所创造的生态系统生产总值预计达到 111.8 亿元。从上述数据中不难看出，企业在积极参与环境治理、承担社会责任的过程中也提高了用户和社会公众对其的认可。社会公众只需要通过手机在相关 App 上进行简单的操作，就可以在互联网上种植虚拟的"树"，再通过企业主体蚂蚁集团、社会公益组织和其他企业合作在现实中种下对应的实体树。公众参与环境保护是环境利益主体多元化的反映，是社会主义民主政治的体现，也是可持续发展观的当然要求。① 2014 年新修订的《中华人民共和国环境保护法》首次以专章形式对信息公开和公众参与做出了规定，2015 年 7 月原环境保护部通过了《环境保护公众参与办法》，以部门规章的形式进一步对公众参与做出了规定，稳步推进和保障公众更好地参与环境保护工作。

（一）政府引导社会环境保护项目进入本地区

传统的公益项目中，捐赠人、公益组织、受捐赠人是常见的主体，但是在当前社会实践中的互联网环境保护项目涉及的主体有了极大的拓展，除了上述常见的三类群体外，还包括个人用户、赞助企业和政府机构等主体。② 在"蚂蚁森林"项目早期实施过程中，由主要捐赠主体蚂蚁金服、中国绿化基金会和政府机构内蒙古林业厅自主决定在特定区域——阿拉善盟开展公益造林试点。地方政府因自身职能要求需要提供更多的环境公共物品，同时一些地方政府又存在较大的债务压力，导致无法实现自身职能的矛盾。多元化治理机制下的环境保护项目中实施主体多为企业和社会公益组织，地方政府应积极引导社会环境保护项目进入本地区，进而化解环境治理资金瓶颈，在不增加政府债务的基础上实现生态治理职能和环境目

---

① 梅献中：《论环境保护中的政府主导与公众参与——以生态城市建设为视角》，《科技与法律》2012 年第 6 期，第 22 页。
② 黄春燕、宋忠智、祝运海、梅新蕾：《蚂蚁森林：环保公益的互联网实践》，《清华管理评论》2020 年第 1 期，第 131 页。

标的双赢。我国区域发展的不均衡和生态环境问题区域性特征，使得统筹区域经济发展和解决各地区生态环境问题难度较大，这就需要地方政府的创造性执行，要建立必要的制度保障。① 相较于传统公益项目，多元化治理机制下的环境保护项目依托互联网平台，能够及时、有效地将项目信息共享给社会公众及政府机构，地方政府在结合本地区环境保护痛点问题的基础上，通过对共享信息进行高效的整合、分析，决定是否引导特定环境保护项目进入本地区。

（二）政府内部多部门协调配合，高效引导多元化治理

生态治理工程是一项系统工程，涉及环保、农业、林业、牧业、粮食、旅游、国土、财税、水利、扶贫，以及乡镇、同级政府、企业等诸多机构和部门的方方面面，需要统筹规划，协调配合，才能确保工程的顺利开展。② 以公益造林项目为例，金融、税务、财政、发改等部门要负责造林绿化资金的提供和支持；国土部门在整个项目的实施过程中同样起到了极大的作用，在统筹规划的基础上，合理对造林绿化用地进行安排，厘清造林地块的权属问题，避免发生土地纠纷；同时，铁路、交通、城建、水利等部门也要在本部门范围内做好绿化规划，将绿化用地的潜力充分挖掘出来，确保完成本部门责任内的造林任务；文化、宣传部门要加大对多元化治理机制下环境治理成果的宣传，利用好互联网载体，提升全社会环境保护的意识，推动社会公众积极参与到环境治理工作中来。但是，各个部门的利益都有其独特性，如何协调各个部门的利益冲突，真正做到部门间的有效配合亟待解决。有些地方政府在治理生态过程中，各部门分工明确，界限分明，但在政绩考核指挥棒下，部门分工不同而导致不同部门行政人

---

① 张平淡：《构建现代环境治理体系中地方政府的创造性执行》，《治理现代化研究》2020年第3期，第94页。
② 王蓉：《生态治理中多部门合作困境与治理对策》，《四川行政学院学报》2009年第6期，第17页。

员只管自己职责范围内的事务，部门壁垒严重，而置其他部门的相关事务于不顾。① 对地区政府来说，引入公益造林项目，在完成本地区绿化指标的同时，还能解决项目所在区域内贫困农民增收难的困境；而对项目所在地区的林草局而言，负担着很大的责任和工作量，但是往往这些一线实施部门缺乏必要的资金，权利与义务极大不平衡。因此，难免会导致多部门配合效率低下，使环境保护项目的实施工作陷入被动的困境中。

环境保护的跨部门性，决定了环境保护工作必须要求多部门协调配合，各司其职，只有地方政府多部门形成合力，才能高效引导多元化治理。因此，首先，必须明确各部门在多元化治理机制内的职能，合理分担环境保护的职责，做到多部门联动，有效配合、相互协助。其次，必须严格规范各部门的行政行为，通过法律明确规定相关部门的协助义务，在必要时强制其配合其他部门进行职责内的作为。环境治理往往还具有跨区域的性质，当需要多个地方政府协调解决时，就要求建立跨区域环境治理机制，为促进多方治理环境保护工作提供平台。

（三）建立健全环境治理质量监管制度

互联网背景下多元化主体参与的环境保护项目有一个非常显著的特点，即参与主体和实施主体错位。在"蚂蚁森林"项目中，用户只需要在日常生活中进行低碳减排行为便可在手机端的"蚂蚁森林"中获得对应的"绿色能量"，积累足够多的"绿色能量"即能种下一棵虚拟的树。而项目的实际实施主体既不是基数众多的用户，也不是项目的发起主体蚂蚁金服公司，地方政府内的林业主管部门向蚂蚁金服和中国绿化基金会进行项目申报后，通过招投标的方式决定最终的项目实施单位。与传统环境保护项目不同，"蚂蚁森林"的参与主体与具体实施主体并不一致，甚至可以说是没有任何联系，那么如何保障参与主体用户以及捐赠企业的监督权利？

---

① 虞新胜、曹巧玉：《基于生态区域下地方政府生态职能探析》，《东华理工大学学报》（社会科学版）2020年第3期，第244页。

这就要求政府完善环境治理质量监管制度。在生态环境治理体系中，政府专业化环境监管机构仍然是多元化治理的核心，完善兼顾"科学、政治、法律"的环境监管体系，同时健全市场运行和社会参与机制，才能使生态环境治理体系有效运转。① 一是要对项目实施单位制定严格的准入条件，在招投标过程中对项目承包企业进行严格的审核。政府应将环境保护项目的具体内容和要求告知相关企业，由企业据此制作相应的项目计划书并交给林业主管部门，由林业主管部门委托专业的第三方机构对项目计划书进行审核。二是要对项目实施情况进行全流程监督，以金塔县 2020 年"蚂蚁森林"项目为例，在项目竣工后委托国家林业和草原局西北调查规划设计院作为独立第三方审核机构对项目实施后 3 年内的林木成活率进行核查，除监督审查林木的成活率外，具体的验收内容还包括实际造林面积和株数。环境保护项目的监督具有时间跨度性，例如，绿化造林的跟踪调查工作一般以 3 年为标准，在项目实施完成后，林业主管部门可以自行管理，也可以委托专业机构开展抚育管理工作，做好除草、防火、病虫害防治等治理措施。当出现极端自然天气等不可抗力影响时，要及时做好项目的补植补造工作，保证树木的实际存活率。

建立健全环境治理质量监管机制要充分利用好互联网平台，互联网的即时性、互动性和个体参与性使得全方位监督成为可能。政府要积极构建信息共享平台，做到监督信息的公开化及透明化。信息共享平台能为各监督主体提供即时、高质量的监督信息，以确保监督行为是在对所有情况熟知并认真考量后做出的，这有利于提升监督行为的科学性。② 与传统的监督方式不同，借助信息共享平台能保障监督行为的有效性，所有上传至互联网的信息都会留下具体的痕迹，片面监督和低效监督的问题得到了很好

---

① 陈健鹏：《从政府监管视角看生态环境治理体系和治理能力现代化》，《环境与可持续发展》2020 年第 2 期，第 19 页。

② 张莉萍、宋元清：《"互联网＋"背景下环境保护协同治理机制的构建》，《湖北行政学院学报》2016 年第 6 期，第 63 页。

的解决。但是，无论何种监督方式，政府都应保障监督信息获取的完整性，将项目实施前的监督、项目实施中的监督及事后监督都囊括进质量监管机制内。同时还要充分发挥社会公众的力量，依托互联网载体，基数众多的参与用户只需通过身边的移动设备就能即时获取信息，并且能实时表达自身对监督情况的反馈。在大数据时代背景下，任何人的声音都可以被听到，公众个体的意见权得到了有效保障。公众广泛而有效的参与应贯穿环境治理的每一个环节，人民群众日益增长的美好生活需要也使得公众要求参与环境治理的呼声前所未有地高涨，环境治理的问题归根结底会落实到每一个具体的个体身上。

（四）引导公众树立环保生活理念

人们在讨论环境污染问题时常常将关注的重点放在企业的污染行为上，但实际上，现代生态和环境危机在某种程度上是现代享乐主义的物质消费模式和现代"掠夺式"的物质生产模式双重因素相互作用的结果。[①]引导公众采取绿色的生活方式也是政府的职责所在，例如，引导公众减少高能耗的出行方式，提倡绿色出行，就要求政府做好公共交通的建设，包括地铁、新能源公交以及近年来蓬勃发展的共享单车的建设；要想引导公众自觉进行垃圾分类，就要求政府明确制定垃圾分类的规章制度，同时加大对垃圾分类相关知识的必要宣传教育，只有使公众对某项重大环保政策有了一定基础的了解，才能真正要求公众遵守该项政策。政府对公众的引导不应仅停留在理念的宣传上，更要提供必要的公共产品，切实保障公众绿色生活方式的实现。环境问题关乎每一个个体，公众不应单方面享受美好生态文明带来的幸福感，更应做环境治理的践行者，当公众受到享乐主义的影响而过度消费时，政府应当及时进行引导。人们对物质欲望的无限追求和自然资源的有限性是不可调和的，只有从根本上转变人与自然相处

---

① 侯玲、张玉林：《消费主义视角下的环境危机》，《改革与战略》2007 年第 9 期，第 17 页。

的模式，才能尽可能从源头上制止环境问题的发生。环境治理是一个复杂的系统性工程，需要综合施策，采取综合举措，协同推进，发挥各方优势，做好环境污染防治。①

（五）加强引导企业履行社会责任

政府还应加强引导企业履行社会责任。企业自成立起就以追求利益为根本目的，在没有道德和法律的约束下，企业只会将逐利的目标不断扩大。环境治理问题上同样如此，合作型环境治理既是一种目的，也是一种手段。② 如果政府引导的力度不够、监督管理机制不够完善，就会导致那些积极履行社会责任的企业，因为参与了环境治理或者采用更环保的生产方式而投入了大量的资金，其产品成本较不参与环境治理或采取不环保生产方式的企业要高，反而使履行社会责任的企业在市场中遭受了不公平的对待。如果任由市场自我调整，最终会导致那些企业减少参与环境治理，甚至最后退出市场。因此，政府必须树立市场价值导向，引导企业积极履行社会责任。同时也要加强对企业的环境规制，鼓励企业转型，采取更加绿色环保的生产方式，最终达到整个市场转型的目的。过去的实践证明，纯粹干预型的政府治理模式并不能真正达到促使企业履行社会责任的目的，反而会严重束缚企业自身的活力和创造力，不利于中国特色社会主义市场经济的健康发展。但是采取先污染、后治理的环境治理方式，并不能从根本上解决问题，加强政府对企业的引导作用，不是放任企业逐利，当造成环境污染问题时再去追究企业的责任。它需要政府在保持发展经济和保护生态环境的动态平衡下进行整体性的规划，而不是零散地关注某几个单独的环境问题。政府可以引导企业设立相对长期的目标，这种目标并不

---

① 摆晶：《环境污染问题的协同治理研究》，《资源节约与环保》2020 年第 6 期，第 114 页。

② 周伟：《合作型环境治理：跨域生态环境治理中的地方政府合作》，《青海社会科学》2020 年第 2 期，第 78 页。

是完全硬性的规定，企业在实现目标的过程中应享有一定的自我调控权利，包括具体实施的方式等。

加强政府和企业间的合作是政府引导企业履行社会责任的重要方式，基于趋利避害的特性，民营企业往往对进入未涉足的领域持观望态度，这就需要政府积极寻求与企业的合作，例如，设立政府引导基金。在环境保护领域设立政府引导基金的最终目的就是要通过政府投资，撬动社会资本的进入，引导环境保护领域新主体的加入，创新环境保护机制，以期更好地治理环境。除了设立引导资金外，环境治理技术的合作同样重要，环境治理技术的研发具有高投资、高风险、周期性的性质，政府与企业合作研发环境治理技术有助于增强企业的积极性，同时政府也要完善激励机制，对投入研发的企业主体给予政策鼓励和支持。在合作的过程中，政府与企业间的沟通至关重要，政府应及时听取企业的反馈情况，并相应地做出政策的调整，实现科学引导、科学合作。

（六）加强引导社会组织参与环境治理

在环境治理多元化体系中，政府也应当加强引导社会组织参与环境治理。近年来，以公益组织和公益基金会为代表的社会组织展现出了强烈的加入环境治理工作的意愿。在传统的环境治理模式中，社会组织往往是以辅助者的身份参与其中，而由政府发挥主导作用。政府若习惯于依据自身的职权进行环境治理，在某些情况下甚至会认为社会组织的行为干扰了自身行使职权。但是从根本目的上看二者并不冲突，政府和社会公益组织都是公共利益的维护者，只是具体实施的表现形式有所不同。因此，政府要将社会组织作为多元化治理机制中的一个平等主体来对待，同时为社会组织参与环境治理创造合适的制度环境。事实上，以社会组织为主体参与环境治理的例子并不少见，但是大多数因为自身力量过于薄弱而难以取得预期的效果，但是这并不能否认社会组织在环境治理中做出的重要贡献。政府可以在社会组织原有项目的基础上，利用所掌握的资源进行进一步发展，将社会组织积累的经验与政府资源相结合，做到集中力量办大事。

为进一步引导社会组织参与环境治理，除了要明确其主体地位外，更多的是提供实质性帮助。尽管随着环境污染问题的恶化与凸显，社会大众环境管理参与意识日渐加强，但是缺乏相关的渠道和制度保障。首先是要提供资金支持，大部分社会公益组织及公益基金会的资金主要来源于社会公众的捐赠，对刚刚起步的一些社会组织来说能接收到的社会捐赠十分有限，有必要对这些积极参与环境治理却苦于没有资金的社会组织提供资助。其次，政府所掌握的信息相对于社会组织来说要庞大得多，很多情况下政府掌握了某些环境问题的信息，但难以同时对这些环境问题开展治理，导致了环境信息资源的浪费。如果政府能够及时将这些信息分享给社会组织，减少其收集信息的环节，同样能引导其进一步参与环境治理。最后，政府的文化、宣传部门主动将社会组织的贡献向社会公众进行宣传，有助于扩大社会组织的影响力及公众对其的认同感，拓宽了社会捐赠的渠道，同时也能吸引公众参与到社会组织的治理活动中来，解决志愿者不足的问题。

具体到引导社会组织参与环境治理的哪些环节，主要包括以下几点。第一，引导社会组织参与重大环保政策的制定环节，社会组织中除了有大量的志愿者外，同时还有许多具有专门知识的专家、学者，这些专家、学者在政府制定重大环保政策的过程中根据自己所掌握的知识提出建议，不仅能增强政策的科学性，同时也在一定程度上反映了公众的呼声。第二，在环境保护项目的具体实施环节，将一部分以分包的方式转移给社会组织，对进度慢、技术弱的实施单位，林业主管部门也可以提供一定的技术指导，而不是完全将社会组织排除在项目的实施环节之外。第三，引导社会组织发挥监督职能，社会组织不仅可以监督政府，还可以监督企业进行绿色生产、转变生产方式，地方政府往往难以对本辖区内所有的企业进行有效监督，有时甚至因为地方保护主义而纵容一些地方企业可能污染环境的生产活动，社会组织正是对政府监督的一种有效补充。

七、生态环境损害赔偿磋商制度

2015 年，"两办"发布了《生态环境损害赔偿制度改革试点方案》（以下简称《改革试点方案》），在 7 省（市）开展生态环境损害赔偿制度改革试点，将"主动磋商，司法保障"作为基本原则之一，授权省级政府为赔偿权利人，首次提出生态环境损害赔偿磋商制度。经过为期两年的试点，"两办"于 2017 年 12 月进一步发布了《生态环境损害赔偿制度改革方案》（以下简称《改革方案》），在全国范围内推进生态环境损害赔偿制度改革，提出力争到 2020 年初步构建科学完整的生态环境损害赔偿制度的目标。《改革方案》明确指出省级、地市级政府可以作为磋商主体主动与赔偿义务人进行磋商，在综合考量可行性、赔偿义务的赔偿能力、修复成本等因素的基础上与赔偿义务人达成协议。生态环境损害赔偿制度是生态文明制度体系的重要内容，这一制度旨在弥补我国生态环境损害救济制度的缺失，这一制度的最终目标是修复已造成的环境损害结果。由于环境修复的复杂性、时效性特点，环境公益诉讼、生态环境损害赔偿诉讼等救济手段均面临程序冗杂、周期长等问题。在此背景下，生态环境损害赔偿磋商制度凭借其独有的灵活性、协商性等特征，为生态环境损害提供了一条全新的救济路径。虽然我国在《改革方案》中规定了生态环境损害赔偿磋商制度，并且最高院于 2019 年出台了针对生态环境损害赔偿案件的《最高人民法院关于审理生态环境损害赔偿案件的若干规定（试行）》，但学界对生态环境损害赔偿磋商制度的相关理论研究仍有所不足，对其法律属性、请求权基础等问题仍未达成一致。生态环境损害赔偿磋商制度推行的时间尚短，有待于进一步探索和实践，以实现"依法建设生态文明"。

（一）生态环境损害赔偿磋商制度概述

生态环境损害赔偿磋商制度不同于以往的环境治理制度，其自身特征值得进一步探讨。一是前置性，2015年《改革试点方案》规定了试点省级、市级政府可以就具体情况选择开启磋商或直接进入诉讼程序。而2017年的《改革方案》对此点做了改变，明确了磋商前置，确定了磋商先于诉讼之顺位。在进入诉讼前必须进行磋商，有权部门作为磋商主体与污染企业就已损害环境的修复与赔偿问题即时进行平等协商，在达到环境治理目的的前提下极大地保障了赔偿义务人的合法权益，相对于进入诉讼程序所投入的资源，进行磋商无疑是更符合效益的选择，同时也能使已被损害的生态环境及时得到修复。二是政府部门主导，《改革方案》第四条第（三）款明确政府为赔偿权利人，贯穿于磋商的全过程，包括主导磋商的开启、磋商协议的制定及后续修复活动的监督。环保部门在环境行政执法过程中发现生态环境损害的线索，或收到有关环境污染行为的举报，并进一步开展鉴定评估、调查取证活动，最终认定环境损害结果并启动磋商程序。三是民主协商性，在磋商过程中环保部门与污染企业之间进行交流、协商，明确污染企业的责任和应当履行的义务，最终对修复方案达成合意。在这一新型环境法律关系中，环保部门不再是以行政强制力对污染企业进行单方面的惩戒，污染企业在磋商过程中可以就事实认定、修复方式等事项提出异议，体现了多元共治的环境治理理念。

作为全面推进依法治国背景下的制度革新，生态环境损害赔偿磋商制度虽然尚处于探索阶段，但是必须在法律规定的框架内运行，不得逾越现行法的界限。合法原则是磋商机制的基本要求，坚持磋商主体合法，参与磋商的请求权人限于省级、市地级政府，赔偿权利人的相关工作人员在参与磋商的过程中也应当严格守法。对赔偿义务人的责任认定应当有法律和事实依据；对赔偿范围、履行方式应当充分协商并且以不违反现行法的有关规定为前提；磋商协议不得违反公共利益；应当注意赔偿数额的实际性，不得盲目加重赔偿义务人的赔偿责任。最后，应当坚持磋商程序合法。行政机关进行磋商前的调查取证等程序性事项时应当严格公正执法；

磋商过程中坚持依法公开，保障行政相对人的合法权益；若行政相对人拒不履行业已达成的磋商协议，环保部门应通过司法确认程序或转入诉讼程序进行救济，而无权直接强制行政相对人履行。在磋商过程中还应坚持公众参与原则，行政机关在磋商过程中享有较大的自由裁量权，拓宽公众参与的渠道，有利于督促赔偿权利人依法行使职权，维护赔偿义务人的合法权益，更重要的是其作为环境利益的直接承受者保障环境利益不因磋商而受到损害，防止环保部门和污染企业达成的磋商协议损害公共利益，对于提高磋商协议的可接受度也大有裨益。

（二）生态环境损害赔偿磋商制度性质辨析

磋商作为《改革方案》规定的生态环境损害赔偿诉讼的前置程序，要求在提起生态环境损害赔偿诉讼之前，省、市两级政府及其授权部门以权利人的身份与造成生态环境损害的单位或个人进行磋商，就赔偿事宜达成合意。在这一环境法律关系中，政府应同过去一样视为公法上的行政监管主体还是被视为与赔偿义务人地位平等的民事权利人，引发了关于生态环境损害磋商的法律性质的争论。一种观点主张生态环境损害赔偿磋商属于民事法律关系，是民事主体在侵权纠纷发生后对自己权利的一种处分，权利处分本质上体现了私法自治精神，生态环境损害赔偿磋商虽有政府的参与，但并非行政法律关系而是民事性质的关系，在磋商法律关系中，赔偿权利人不再是命令式地治理生态环境损害，而是作为生态环境的代表参与生态环境损害修复方案的确定。从生态环境损害赔偿磋商的目的来看，在于填补或恢复受损害的生态环境，而非惩罚损害生态环境的责任人。生态环境损害责任人承担的是民事责任而非行政责任，故省市级政府与赔偿义务人进行磋商理应为民事性质的关系。而另一种观点则认为"行政机关的主动磋商行为本质上是一种体现合作性、弱权性的协商行政行为"，因此省市级政府与赔偿义务人经磋商后达成的协议应属于行政协议的范畴。且磋商行为仅能由行政机关启动，造成生态环境损害的一方无法主动开启生态环境损害赔偿磋商，这足以看出磋商行为仍是行政权力主导下的磋商，而非平等主体之间进行的磋商。磋商设立的目的是修复受损生态，维护公共环境利益，采用的手段并非强制命令的行政手段而是通过对话给予义务主体话语权，目的是增强赔偿义务人的参与性、协议认可度、执行的积极性。而这只是借鉴民事协商的方式维护公共环境事务，终极的目的是促使赔偿义务人积极参与政府开启的协商，在商谈中接受政府提出的生态环境损害赔偿的方案，主动承担损害生态环境损害的责任，履行协议，修复受损的环境。协商行政模式对私法制度安排做工具意义上的援用不会改变赔偿磋商的公权行政属性，作为赔偿磋商成果形式的磋商协议理应归入公法上行政契约的子集。在生态环境损害赔偿法律关系中，政府不仅是索赔权利人，其还是生态环境保护的监管者，而赔偿义务人是造成生态环境损害的单位或个人，二者的地位存在事实上的不平等，不可能完全实现平等自主协商。此外，赔偿义务人承担的生态环境损害赔偿责任包含生态环境修复，而生态环境修复需要在赔偿权利人的监督下完成。因此，生态环境损害赔偿责任也并不是典型意义上的民事法律责任。

此外，还有学者借鉴德国行政法上的双阶理论，认为应该对生态环境损害赔偿磋商行为的法律性质分阶段进行讨论，前阶段为公法阶段而后阶段为私法阶段。具体而言，前阶段中省市级政府主动寻求并与赔偿义务人展开磋商的行为属于公法行为，省市级政府基于公共利益维护之需并运用行政公权力与赔偿义务人展开有关环境损害赔偿或选择修复方案的协商，本质上是行政权力主导下的磋商，因此前阶段行为受公法约束和调整，政府与私人之间的关系属于公法法律关系。后阶段中省市级政府与赔偿义务人签订磋商协议并履行协议的行为属于私法行为，政府与私人之间的法律关系为私法法律关系。德国行政法理论上之所以有"前阶公法、后阶私法"之分，原因在于确保行政机关更好地实现行政管理、保障公共利益的目的。行政机关为了适当地履行环境保护目标，可以选取适当的行政行为，甚至也可以在法律容许的范围内选择不同法律属性的法律行为。

上述观点从不同视角论证生态环境损害赔偿磋商的性质，均有一定的合理性，但都不够确切。应当从现代环境治理走向多元合作共治的趋势出发，理解和把握生态环境损害赔偿磋商的性质。环境法律调整机制由传统的单向行政管制模式向现代化环境治理模式的转变，要求改变以行政处罚为主的行政管制方式，重视被监管主体及社会公众在环境决策中的参与，增强科学性、灵活性与民主性，吸收各方主体参与环境治理，寻求可普遍接受的环境治理方案。从程序上实行民主协商式的多方主体参与合作共治，其中，政府履行生态环境保护职能的方式由"强权行政"向"弱权行政"转变，引导企业、社会公众等多方主体共同参与生态环境保护。因此，生态环境损害赔偿磋商是风险社会催生的环境民主行政和环境公众参与相结合的制度安排，其不是单纯的民事法律关系，也不是传统的行政法律关系，而是一种新型环境合作共治模式下的具体制度设计，兼具行政法和民法色彩，但是以民事法律关系为主。

（三）制度构建

当前我国各地开展磋商的制度基础主要是《改革方案》和各省出台的磋商试行办法。有必要从顶层设计的角度勾勒生态环境损害赔偿磋商制度的构成要素，探讨磋商制度的构建和完善。

第一是磋商的主体。包括提出索赔请求权的权利人和承担赔付责任的义务人。在我国现行体制下，政府不仅是自然资源所有权的行使者，其还是生态环境保护的监管者，具有双重身份。政府在穷尽行政手段仍不能实现对生态环境利益的有效保护时通过司法权力实现生态环境保护和监管的目的，其是以履行环境保护职责为正当性基础行使生态环境损害索赔权。发端于美国的环境公共信托理论认为，全体人民将必需的环境要素委托给国家管理，国家作为受托人有责任为实现人民的利益而对受托财产加以管理和保护。生态环境损害赔偿磋商制度的确立，为政府行使生态环境损害监管权、维护生态环境利益开辟了新的方式。在生态环境损害赔偿磋商的案件中大多赔偿义务人是生态环境的直接污染或破坏者，但在一些磋商实践中存在着"间接制污"行为，即企业不是环境污染的直接实施者，而是委托其他主体实施污染行为，此时应设立赔偿义务人连带责任。同时，可以在磋商的过程中引入第三方，包括具有专业知识的专家学者或机构参与全程的磋商。一方面，有利于行政控权，避免政府单方面控制磋商。如果在磋商的全程政府处于主导地位，对生态环境损害的事实认定、鉴定、评估均是由政府委托相关机构进行的，对生态环境损害的修复方案也是由政府在磋商前先行制订的，在公权力面前，赔偿义务人可能会因畏惧公权而达成磋商协议，那么磋商就异化在行政控制的牢笼里，最终导致形式上为协商实为命令的结果。另一方面，有利于增强磋商过程的透明性和磋商结果可接受性，引入第三方介入磋商，切实保障磋商协议订立过程的公平和协议内容的合理。最为重要的是，磋商的目的是修复受损的生态环境，修复是一项涉及多学科跨领域的复杂工程，专家的介入可以帮助磋商双方以专业的角度制订最优的生态修复方案，在平衡多方利益下，使磋商的结果得到双方的认可。

第二是磋商的内容。《改革方案》规定，磋商的内容包括：损害事实和程度、修复启动时间和期限、赔偿的责任承担方式和期限等问题，其核心是通过磋商达成磋商协议。通过具体实践操作，反映出《改革方案》对磋商内容的规定还不够完善等问题。磋商的内容具体可以包括以下几方面。

生态环境损害赔偿的具体内容

1. 生态环境损害事实和程度、赔偿理由
2. 协议双方对相关鉴定意见书、评估报告、建议修复方案等的意见。双方均可要求相关鉴定、评估机构对报告进行说明,其中一方有异议的可以再次申请一次鉴定、评估
3. 赔偿范围,包括应急处置、生态修复费用,生态环境修复期间服务功能的损失,生态环境功能永久性损害造成的损失,调查、鉴定评估费用等。赔偿义务人对相关费用的认定有异议的,可以申请会计事务所等第三方机构进行核算
4. 赔偿义务人履行赔偿责任的方式与期限、担保方式。义务人有能力对生态环境进行修复的,可以由其承担主要的修复工作。如果赔偿义务人没有修复能力,可以考虑选定相关专业机构进行修复,并由赔偿义务人支付相关费用。此外,为保证磋商协议的履行,还应当就磋商协议履行的担保方式进行磋商

第三是救济方式。《改革方案》明确规定:"对经磋商达成的赔偿协议,可以依照民事诉讼法向人民法院申请司法确认。经司法确认的赔偿协议,赔偿义务人不履行或不完全履行的,赔偿权利人及其指定的部门或机构可向人民法院申请强制执行。磋商未达成一致的,赔偿权利人及其指定的部门或机构应当及时提起生态环境损害赔偿民事诉讼。"根据该规定,磋商协议的司法确认往往依照的是民事诉讼程序,若赔偿义务人违反磋商协议,作为赔偿权利人的省市级政府可选择的救济方式都是向人民法院申请强制执行。由于磋商协议的司法确认程序依照的是民事诉讼法,因此省市级政府对磋商协议往往向人民法院寻求违约救济,在救济过程中只能依循传统的民事救济程序。《改革方案》还规定若省市级政府与赔偿义务人磋商失败,省市级政府只能向赔偿义务人提起生态环境损害赔偿民事诉

讼，采取民事救济手段。于此可见，无论是对磋商协议违约的救济还是对磋商失败的救济，省市级政府主要采取的救济方式是民事救济。值得注意的是，人民法院对司法确认进行的审查一般为形式审查，仅限于协议是否是双方当事人真实意图的表达及协议内容是否存在不予确认的情形，至于当事人为何达成调解协议以及对权利义务进行这样或那样的分配并不在审查范围之内。然而，就生态环境损害赔偿协议的司法审查而言，不能仅仅因为其形式真实、内容合法就予以司法确认。生态环境损害赔偿权利人只是公益代表人，其意思表示是否就是权益真正归属主体的真实意图并不能仅通过"表达"这一形式就可判定，就协议的目的而言，生态环境损害赔偿协议的目的不在于定纷止争，而旨在确保生态环境的修复、保障公众的环境利益。可见，仅审查协议内容是否合法对是否赋予协议强制执行力而言必要但不充分。因此，对生态环境损害赔偿协议的审查还应满足是否符合公众环境利益诉求，以及其履行是否能实现受损生态环境的修复。

第五章

环境治理体系下传统执法模式的革新

环境治理过程中，软法的兴起起到了积极引导生产者降低污染排放、提高环保标准的作用。以自愿性环境协议、环境行政指导、环境行政约谈、绿色信贷、政府引导的互联网加公益项目为代表的软法措施，实际上是国家政策直接发挥作用的表现。这些措施因为更加强调政府与生产者之间的平等协商和正向激励，使生产企业倾向于主动履行环境义务。自愿性环境协议的主体进行平等协商，利益博弈，就如何实现各方利益最大化达成合意。履行自愿性环境协议既符合环境保护的要求，也能谋求自己的利益。环境行政约谈不仅能让生产企业对可能产生环境危害的行为早日认识并及时改正，也可以在违法行为和行政执法之间架起桥梁。行政机关利用自身的信息优势，在环境风险未爆发之际通过环境行政指导，防患于未然。引导企业、公众等其他主体进行清洁生产、主动参与到环境保护中来，扭转以往"先污染、再治理"的环境治理模式。企业绿色环保信贷通过向企业发放贷款正向激励、负向（拒绝继续贷款）惩处措施和风险管理措施等来引导企业借款人严格遵照执行环保优惠政策。在环保生产经营企业长期享受发放绿色环保信贷、发展经营绿色环保产业的同时，预防企业环境污染风险，降低绿色信贷风险。政府政策倾斜通过互联网平台引入社会力量，引导公民培育环保生活理念。

软法措施的实施在我国取得了良好的效果，但是首先软法没有强制力保障，不履行这些软法措施赋予的法律义务没有法律责任，因此只能寄希望于生产企业主动履行，难以保障社会大部分企业的自觉性。这也是软法的特征之一。其次，我国环境领域内的软法大都以政策的形式推行，最明显的就是政府补贴，往往在一个政策周期实施完成后因为主管领导的变动而无限期中止。一旦没有形成长效机制，随着政策红利的消失，生产企业也不再有动力主动履行。最后，也是最重要的一点是政府政策性的引导大多意味着更多的财政补贴、财税优惠。虽然我们国家越来越重视生态环境的保护，也在生态环境保护方面审批了很多资金，来引导全社会清洁生产，但我们还是要意识到现阶段我国尚处于改革深水区，政策红利不会转化为长期执行的法律制度，这就需要政府的强制性执法措施来进行兜底性监管，通过法律法规的普遍性威慑，由行政机关执法，主动连续管理生态环境，维护环境法律秩序。对全社会的生产企业可能的违法生产行为按法定标准监督并进行强制性执法，依旧是政府保障环境质量的基本方式之一。本章将详述生态环境修复的行政命令、生态环境修复的强制代履行、环境按日连续处罚和生态环境损害救济途径之衔接四方面。

一、生态环境修复的行政命令

新时代满足人民日益增长的美好生活需要必然包含着满足人民对良好的生态环境的需求。党的十九届五中全会明确提出，推动绿色经济，促进人与自然和谐共生。为此，国家探索多种治理途径预防经济发展过程中衍生的生态环境破坏的行为，治理已经被破坏的生态环境。

每一次环境污染事件和生态破坏事件都不仅仅影响一定范围内的群众的人身健康和财产安全，影响生态要素和生态功能的良好发挥，也会降低人民群众对现有环境治理体系的信任和期待。2020年，浙江省杭州市西湖区某村发生的自来水异常事故，影响用水安全范围达446户（表），造成直接经济损失约241.3万元。云南省瑞丽江水变"血水"污染事件，系造纸企业违法排放污染物所致。在探索生态环境治理的过程中，对生态环境损害的救济手段（广义上的救济，指对损害的救济而非对权利的救济）重心从传统的行政权的行使转移到了司法救济。无论是民众讨论，还是立法者，司法解释的发布者都倾向于认为现有的行政执法手段无法应对日益严重的环境污染和生态破坏的情况，所以意图用司法审判权行使来弥合现有制度的失灵造成的环境治理缺陷。经数年的实务讨论和学术研究，由立法和最高院所做的司法解释、党中央的文件以及其搭建起来的环境领域内的民事公益诉讼、生态环境损害赔偿诉讼都是试图通过司法渠道解决日益严重的生态环境破坏问题。这两个制度中的重要组成部分就是诉求对被已经破坏的生态环境进行修复。生态环境修复针对的是环境公共利益，它必须是依据环境法及其他有关法律所确认和予以保护的一种社会性的公共利益，具有一定公共性、共享性。对其修复更有其自身特有的标准。①

但司法程序首要目标是公平，在保障公平的条件下再兼顾效率。生态修复则需要及时处理，时间越久损害越难以修复。司法审判权在如此需要专业的科学技术以及经济社会价值的综合衡量方面并无优势，因此还是应该由行政机关通过行政权主导生态环境的修复。本文认为行政命令是生态环境修复的行政救济的基本方式，但立法授权的模糊性、范围的受限以及程序的缺失都是绕不开的障碍。

（一）行政命令是生态环境修复的基本方式

行政权在生态环境修复过程中的运用主要是环境行政命令。法学意义上的行政命令是指以行政命令形态出现的行政行为，包含抽象性的行政立法、行政机关内部的命令行为，以及针对特定非违法对象或是违法对象的命令。② 一般意义上的行政命令主要是指最后一项，即行政机关依职权赋予行政相对人作为或者不作为的义务的行政行为。本书讨论的生态环境修

---

① 吕忠梅：《"生态环境损害赔偿"的法律辨析》，《法学论坛》2017 年第 3 期，第 12 页。

② 徐以祥：《论生态环境损害的行政命令救济》，《政治与法律》2019 年第 9 期，第 84 页。

复的行政命令也是后一项。

长久以来生态环境领域行政权运用的主要手段是环境行政处罚，学理讨论主要集中在处罚强度不高、违法成本低等问题。矫正违法行为、治理损害结果的环境行政命令很大程度上依附于行政处罚，没有自己的独立地位，没有引起足够的重视。诸多环境行政命令，如责令改正、责令限期治理都在执法中和行政处罚一并做出；而且司法判决中还有观点认为这些行政行为是行政处罚。这样的认识极不利于行政命令在生态修复领域发挥自己的补救已有生态环境损害的作用。

以德国行政法的行政行为理论为例，其分为基础性行政行为和保障性行政行为，赋予行政相对人义务的是基础性行政行为。而为保障该前者的内容得以实现的行政行为就是保障性行政行为。我们所讨论的环境行政命令属于前者，而环境行政处罚和环境行政强制则属于后者。行政机关运用自己的职权，命令行政相对人履行生态修复的义务，是《环境保护法》损害担责原则的体现，也是赋予行政相对人修复被损害的生态环境的义务，行政相对人可以自觉履行，但若不自觉履行，《行政强制法》则提供强制履行的方式；对于需要立即清除污染物的情形，行政机关可以采取代履行措施，及时维护环境公益。所以环境行政命令加代履行就构成了行政权在生态修复过程中的基本运行方式。

基于行政权在生态环境修复过程中的优势，要想运用行政命令和代履行来实现治理，就应当仔细讨论行政命令的基本理论、种类，以及发布的程序等问题，使该制度有活力，能实际运用，实现其功能。

（二）我国法律规范中的环境修复行政命令

目前，我国环境保护行政命令主要散见于各单行的相关环境立法之中。根据学者的分类，环境行政命令分为行为矫正型和消除后果型两类。行为矫正型又分为停止违法行为和改正违法行为两类。责令停止违法行为是针对违反不作为的义务，单行立法中如停止建设、停止生产、停止使用等都可以归入此类别。改正违法行为是针对违反法律法规中的作为义务，如单行法中的限制生产、限量排污、限产限排、停产整顿、停产整治等。消除后果型行政命令分为消除违法行为造成的后果和消除合法行为造成的后果两类。前者如恢复原状、限期拆除等。后者的典型表现是2019年实施的《土壤污染防治法》中的修复污染土壤。①

在以上诸多的环境行政命令的形式中，笔者认为从文义解释的角度来说，明确涵摄生态环境修复的是责令恢复原状和责令修复土壤污染。生态环境的修复作为一种法律责任的形式，首次出现是在司法解释之中，基于司法解释不能创设责任形式的原理，修复生态环境被解释成为责令恢复原状的题中应有之义。但其他行政命令的内容是否包含生态环境的修复则有争议。支持这种观点的一般认为在特定法律条文中，相应的有关行政命令的内容都需要通过结合该法律条文指向的行政义务及其上下文的条文内容来进行理解，当"治理、改正"条文对应的行政义务既指向特定的违法行为，又指向生态破坏的结果或者状态时，才可以理解为这两个词包含了有关生态修复的内容。② 反对的观点认为只有在自然资源法律如森林法中的"责令恢复"才是生态修复的行政命令，而污染防治类法律中"责令改正"并非生态修复的行政命令。③ 笔者认同后者的观点，从文义解释的角度，改正一般对应的是违法行为，而治理即便包含消除环境危害后果，也难以将生态修复解释进去。生态环境修复的内容要远远超出清理污染环境危害的直接后果，生态修复需要结合生态学、生物学、化学及物理学技术以及工程学技术，优化组合，才能达到最佳修复效果和最低资源耗费。④ 而且

---

① 胡静：《我国环境行政命令体系探究》，《华中科技大学学报》2017年第6期，第84-88页。

② 李挚萍：《行政命令型生态环境修复机制研究》，《法学评论》2020年第3期，第186页。

③ 程玉：《生态环境修复行政命令制度的规范建构》，《北京理工大学学报》（社会科学版）2021年第6期，第131页。

④ 周启星等：《生态修复》，中国环境科学出版社2006年版，第8页。

在实际执法过程中，行政机关在向相对人做出"责令（限期）治理""责令改正"通知时，也侧重于要求相对人整改污染行为，对造成的污染也仅要求消除即可。

因此，在我国现有的行政命令中，只有关于自然资源的"恢复土地原状""恢复植被""恢复林业生存条件""复垦利用、植树种草或其他措施"这些行政命令包含生态修复的内容。在行政命令的现有种类大部分都无法包含生态环境修复的情况下，行政机关也难以运用此方式责令行政相对人修复被破坏的生态环境，否则就有违法之嫌。

此外，前一阶段立法中存在的行政命令都是以违反法律规范为前提，进行行为规范和结果规范；近年来，2019 年出台的《土壤污染防治法》第四十五条规定由土地使用权人而非污染者修复，这意味着生态环境修复已经不需要以违法为前提，有损害后果就应该去修复。

（三）生态修复中行政命令实施的障碍和纾解

1. 生态修复中行政命令实施的障碍

在生态修复中，环境行政命令除却前文所述缺少立法授权之外，还有其他仍须完善之处。首先，作为生态修复的行政命令是一种救济性行政命令，这可以包含违法行为造成的环境生态损害的修复，也应该包含合法行为造成的损害，而实际上，立法授权的范围十分受限，除去土地污染，其他诸多生态元素的修复都没有建立对合法行为造成损害的行政命令救济途径。

其次，作为环境行政命令的上位概念，行政命令在实践中经常被争议的是和行政处罚的区别，因为只要认定是行政命令就不用遵循行政处罚法的程序限制。具体到环境行政命令，行政机关有很大的自由裁量权。甚至有个别生态环境主管部门为有效率地提高现场执法效率，针对现场发现的环境污染违法行为，并不进行详细的调查取证，判断此类环境污染违法行为的具体情形，而是直接告知行政相对人申请领取统一印发的《环境违法行为限期改正通知书》，此类统一印发的现场通知书不针对现场调查具体情况明确记载相关违法的证据目录，一般也不包含直接告知行政相对人合法救济途径的相关具体内容。个别的地方生态环境部门为快速有效遏制环境污染行为，并不告知行政相对人权利救济方式，而是直接做出行政命令，这导致行政相对人申请救济的途径缺失。[①]

这一方面直接导致了行政命令不充分符合透明、公正的法律原则，从而直接引发了对行政命令机关自由裁量权的严重滥用，行政命令的相对人的合法权益难以及时得到有效保护，另一方面也使环境行政命令在生态修复中适用困难。

2. 生态修复中行政命令的改进之处

首先，各个生态环境保护的单行法需要对生态修复这一责任授权行政机关发布行政命令。在职权法定的原则下，行政机关一则有法可依，无违法之风险，二则可以补齐行政权在生态环境修复方面的空缺。

其次，在各单行法中对生态环境损害修复的适用范围要扩张到合法行为导致的生态损害。现代以来，我们遭受的生态环境恶化的后果大都是经济发展的副产品。立法制定相应的行为规范，并授权行政机关制定相应的环境标准，只是在划定污染环境和人类社会可以承受的相关阈值，也就是说，即便在此阈值之下的合法行为，也对环境污染提供了累积因素。一旦这些累积因素的叠加超过了环境承受的阈值，或者尽管没超过，已经影响了生态功能，影响到了人类生活，就应当启动生态环境修复。生态修复的行政命令作为救济性行政命令，不同于规制性行政命令，不应局限于违法产生的损害后果。现有的生态环境单行法将行政命令一般置于法律责任这一章，此位置必将对应法条前文的违法行为。建议在立法中仿效《土壤污染防治法》，在法律责任篇章之前的法条中规定合法行为产生的损害结果的修复责任。

---

① 罗怡超：《环境行政命令研究》，中国政法大学出版社 2014 年版，第 25 – 30 页。

最后，应当完善生态修复的行政命令的程序。第一是听证程序。做类似的比较，若行政处罚涉及行政相对人的重大权益，则应举办听证会，吸收意见。而行政机关做出生态环境修复的行政命令，涉及责任人的认定、损害大小的认定、修复方案的选择、相关评估的正当性、相关费用的多少。生态修复的费用一般数额比较大，涉及行政相对人的重大权益，理应举行听证会，向行政相对人说明调查过程以及上述事项的具体内容，听取行政相对人的意见。此外，修复措施的选择应着重保障利益相关方的权利和公众参与。符合规定的利益相关者（例如，环保组织），以及拟采取修复措施所指向土地的所有人都有权提交意见。行政机关亦可自由决定要咨询的人员。做出行政命令之前，理应有严格的调查、取证、论证。做出并送达命令后也应当告知行政相对人救济的途径。

第二，生态环境的修复本身需要专业的技术支持，并遵循严格的修复程序。此程序包含调查、损害评估、修复评价、验收等，如果行政命令与以上要求脱钩，就会使生态修复沦为空谈。如生态环境部在 2018 年 9 月发布的《污染地块风险管控与土壤修复效果评估技术导则（试行）》就特别涉及了基本的原则、工作内容、工作程序，以及更新地块概念模型、布点采样与土地实验结果检测、风险管控与前期土壤修复效果监测评估、后期土地监管建议程序。因此，做出的行政命令应该与这些技术导则建立关联，并尽可能详细，可执行。

第三，要明确生态环境修复的行政命令的发布程序。有学者认为需要完善的行政命令程序包含命令发布、实施、异议、成本收回、制裁程序。①但笔者认为行政命令作为基础性行政行为，命令的实施程序以及成本回收程序可以通过《行政强制法》调整，命令异议程序可以通过几部行政救济法调整，命令的制裁程序可以通过《行政处罚法》调整。只有发布修复生

---

① 程玉：《生态环境修复行政命令制度的规范建构》，《北京理工大学学报》（社会科学版）2021 年第 6 期，第 131 页。

态环境的行政命令的程序需要明确。

行政机关获知损害信息后，要依法定程序和标准判断是否启动修复、确定责任人、选择合理修复措施，确定合理的修复程度，并做出命令。该程序涉及以下问题。

其一，修复程序启动标准。达到一定阈值条件的生态环境损害才需要修复，且行政机关资源有限，由行政机关行使自由裁量权，在修复多种生态环境损害时，应有权决定首先修复的损害。其二，修复目标或修复标准。以损害发生前的生态环境基线作为修复目标可能并不合理，也不可行，一般生态环境的损害是不可逆的，修复的目标虽说是恢复生态系统功能，但本质上还是在为人类活动服务。立法者应授权行政机关结合受损生态环境所属区域的行政规划目标（当前用途和预期用途）、自然恢复情况、技术可行性、成本效益，以及该修复区域对行政规划区域内其他项目的影响等因素进行综合考虑。其三，修复措施方案的最终决定权。如果执法机关确定损害是环境损害，它必须通知负责的行为人在规定的时间内提交提案给执法机关批准，并采取措施，实现环境修复。[①] 责任人如不提交，行政机关有权自行决定修复措施。最终方案确定后，行政机关应向责任人做出生态环境修复行政命令，载明最终修复方案。[②] 其四，法律应授权行政机关在修复方案实施过程中因情势变化需要自行调整修复措施。[③]

二、生态环境修复的强制代履行

习近平总书记对生态环境治理提出要求：要提高生态环境治理体系和治理能力现代化水平，健全党委领导、政府主导、企业主体、社会组织和

① 参考（英国）《环境损害（预防和修复）条例》2015 年第 18 条第 1 款 c 项。
② 参考（英国）《环境损害（预防和修复）条例》2015 年第 20、23 条。
③ 程玉：《生态环境修复行政命令制度的规范建构》，《北京理工大学学报》（社会科学版）2021 年第 6 期，第 135 页。

公众共同参与的环境治理体系。① 政府主导是因为政府在作为公共利益的生态环境治理方面不仅有法定的职权，需要积极主动地履行职责，还在环境监管方面有专业知识和能力的优势。生态环境综合治理服务体系的不断完善和生态治理服务能力的不断提高则直接意味着我们要彻底改变以往的生态管理方式，转由多方主体共同参与。生态环境遭受破坏后的修复工作也需要多方主体共同参与。而行政代履行就是一种能由政府主导，由第三方参与，减少行政执法过程中和行政相对人的直接对抗，及时救济被损害的生态环境的制度。但是自《行政强制法》实施以来，生态环境领域内行政代履行的实际运行效果尚未达到预期，数量有限。本章意在指出行政代履行制度是政府在生态环境领域治理污染，恢复生态时可以主要运用的制度。但该制度现存的问题也不容忽视，只有扫清这些障碍，才能使该制度良好运行。

（一）强制代履行在生态环境修复中的优势

行政强制代履行制度的建立肇始于《行政强制法》。② 作为间接强制的一种方式，义务人不自愿履行的法律义务，假行政机关或者第三人之手履行，再向义务主体收取履行费用。可以代履行的义务一般是可以替代、积极的作为义务。

行为人或者直接责任人在实施了危害环境的行为之后，生态环境行政机关基于自己的环境监管职权会责令行为人清理污染物，制止现有的损害扩大，并履行修复环境的义务。但是因为这些义务涉及专业的知识、技

---

① 《习近平主持十九届中共中央政治局第二十九次集体学习》，学习强国，2021 年 5 月 1 日，https：//www. xuexi. cn/lgpage/detail/index. html？id = 18042834304382085361&amp；item_id = 18042834304382085361。

② 《行政强制法》第五十条规定，行政强制代履行是指行政机关依法做出要求当事人履行排除妨碍、恢复原状等义务的行政决定，当事人逾期不履行，经催告仍不履行，其后果已经或者将危害交通安全、造成环境污染或者破坏自然资源的，行政机关可以代履行，或者委托没有利害关系的第三人代履行。

术，以及高额的修复费用，行为人很少自愿完全履行。这表现为：①拒绝履行。行政机关接连做出数个行政命令，行为人仍然无动于衷。②履行不能。如重污染企业对土壤污染的修复并非如种植数倍的树木那样容易实现，行为人无能力履行。③不完全履行。在实践中，行为人会自己委托专业的企业来实施自己的修复义务。但是这些修复大部分不能达到行为人义务所涵盖的全部内容及修复的标准。而行政代履行拥有以下优势。

1. 及时救济被损害的生态环境

行为人或者责任人由于技术、资金，以及对义务人的认定与行政机关不同等原因出现不履行行政机关行政命令的情况。而生态环境的损害不能久拖不决，若等一切法律纠纷尘埃落定后再去申请人民法院强制执行，已经被破坏的生态环境往往会随着时间的推移而显现出更加严重、复杂的破坏状态。因此在行为人或者责任人有以上三种及其他不履行义务的情形时，行政主管机关可以自己或者委托其他无直接利害关系的第三人代为履行，使作为公共利益的生态环境得以及时修复。

行政机关只有在法律明确授权的情形下才能强制执行行政决定，否则只能申请人民法院强制执行。为了使行政机关能及时运用权力，排除妨碍，恢复原状，救济已经污染的环境和破坏的生态，《行政强制法》对强制代履行做了普遍授权。① 行政机关可以及时运用行政权，避免因义务人的不履行行为而耽误环境损害的救济，也避免因法律程序的拖延而错过修复的最佳时机。立法者在代履行条款适用的条件中列举了有限的几种情形，造成环境污染的后果就在其列，及时有效的行政权的运用正好对应需要高效专业救济的环境损害的情形。

---

① 全国人大常委会法制工作委员会行政法室：《中华人民共和国行政强制法释义与案例》，中国民主法制出版社 2012 年，第 23 页。

2. 治理理念的良好运用

（1）避免了行政机关和行为人的直接对抗

在社会转型期间，传统的由行政机关单方向做出行政行为、行政相对人服从的管理理念被多方参与、多途径解决问题的治理理念取代。通过多方的参与解决，减少了行政机关和行为人之间的直接对抗，减少了执法阻力。行政代履行制度在行为人或者责任人不履行义务时将该履行义务转向第三人或者行政机关自己履行，将环境修复的作为义务转为费用承担的义务。这样能够消解义务人对履行义务的抵触情绪，避免行政机关在执法中强制要求义务人履行义务而产生直接冲突。

（2）引入第三方专业机构参与

虽然行政机关因为职责划分，在全国范围内形成了比较严密的管理层级，专职履行环境监管职责，而且产生损害进行清除、修复，维护生态环境的公共利益也是行政机关职责范围内的事项。但是根据学者的研究，我们国家生态环境领域执法力量严重不足，呈现出越到基层执法力量越匮乏的状态。直接参与环境执法的环保人员不仅占环保总人数比例不足30%，而且与总人口数相比仍然占比甚微，执法人员工作量巨大。[1] 此外，基层的执法人员往往没有专业的设备和与修复生态、清理污染相关的专业知识，这都构成了行政机关自己代履行的障碍。因此，引入第三方专业机构参与生态环境破坏的治理，能解决行政机关人员短缺设备不足、专业能力和知识欠缺的问题，由专业的机构做专业修复的事宜，效果更好。正如业内学者分析指出，代履行义务主体应该是第三人而不是行政机关。究其理由主要如下。首先，环境保护行政主管机关的职责主要是加强环境安全监管，公众对及时解决环境污染治理问题有广泛的需求，寻求一个负责任的行政机关自然而然就会求诸环保行政机关，行政主管机关因而必然承担了

---

① 付士成、郭婧滢：《行政代履行执行体系的建构——以生态环境治理领域为例》，《政法学刊》2020年第3期，第6页。

环境修复的重要职责，但行政机关并不擅长清理、修复等环境法律规范中义务的代履行行为。作者认为代履行的费用在法律中的规定是合理的费用，合理的费用就是有可以容忍的盈利空间，这些是以盈利为目的的第三方所擅长的。其次，各级行政机关或许没有足够的专业能力完成环境领域的代履行环节。最后，由专业机构实施可能更符合环境治理的要求。①

（二）强制代履行在生态环境领域的法律规范

1. 我国生态环境领域行政代履行的法律规范

我国现有法律制度中对代履行有部分实体性的规范，但鲜有程序性规范，且条文数量较少，散落在各个单行法中，大多都集中在污染防治的法律中。仅以下表列举部分。

我国生态环境领域行政代履行的法律规范举例

法律名称及条文数	规范的环境污染行为
《中华人民共和国放射性污染防治法》第五十六条	产生放射性固体废物的单位，应当按照国务院环境保护行政主管部门的规定，对其产生的放射性固体废物进行处理后，送交放射性固体废物处置单位处置，并承担处置费用
《中华人民共和国固体废物污染环境防治法》第一百零八、第一百一十三条	城镇污水处理设施维护运营单位或者污泥处理单位对污泥流向、用途、用量等未进行跟踪、记录，或者处理后的污泥不符合国家有关标准的，擅自倾倒、堆放、丢弃、遗撒城镇污水处理设施产生的污泥和处理后的污泥的，危险废物产生者未按照规定处置其产生的危险废物

---

① 唐绍均、蒋云飞：《环境行政代履行制度：优势、困境与完善》，《中州学刊》2016年第1期，第88页。

续表

法律名称及条文数	规范的环境污染行为
《中华人民共和国土壤污染防治法》第九十四条	未按照规定进行土壤污染状况调查的；未按照规定进行土壤污染风险评估的；未按照规定采取风险管控措施的；未按照规定实施修复的；风险管控、修复活动完成后，未另行委托有关单位对风险管控效果、修复效果进行评估的
《中华人民共和国水污染防治法》第八十五条、第八十八条、第九十条、第九十四条	向水体排放油类、酸液、碱液的等，向水体倾倒船舶垃圾或排放船舶的残油、废油的等； 城镇污水集中处理设施的运营单位或者污泥处理处置单位，处理处置后的污泥不符合国家标准，或者对污泥去向等未进行记录的
《中华人民共和国核安全法》第八十条	未对核设施进行定期安全评价，或者不接受国务院核安全监督管理部门审查的等
《中华人民共和国防洪法》第五十六条	违反规定围海造地、围湖造地、围垦河道的
《中华人民共和国森林法》第八十一条	拒不恢复植被和林业生产条件，或者恢复植被或林业生产条件不符合国家有关规定；拒不补种树木，或者补种不符合国家有关规定
《中华人民共和国水土保持法》第五十五条、第五十六条	违反本法规定，在水土保持方案确定的专门存放地以外的区域倾倒砂、石、土、矸石、尾矿、废渣等的； 违反本法规定，开办生产建设项目或者从事其他生产建设活动造成水土流失，不进行治理的
《中华人民共和国海域使用管理法》第四十七条	海域使用权终止，原海域使用权人不按规定拆除用海设施和构筑物的

2. 域外行政代履行的规范借鉴

德国立法。德国 1953 年《行政强制执行法》第 10 条明确规定：一方的行为义务未被履行，而该行为义务可由他人做出时，执行机关认为可委托他人完成该义务，费用由行为义务人自行承担。德国 1957 年《莱茵邦柏尔兹行政强制执行法》第 63 条中也做了类似条款规定。德国 1994 年《循环经济和废物清理法》将代履行引入环境监管服务领域，该法第 17 条第 4 款明确规定了各类工业废物品的清除代履行制度。① 目前，德国企业经营生产的各类工业废物几乎都已经全部交由市场上已经具有一定专业水平的各类废物处理第三人负责清除，废物的清除代履行已初步实现了专业化、产业化和管理服务化的市场化。

日本立法。日本初始在 1948 年《行政代执行法》中规定了行政代履行，后来，日本 1970 年《海洋污染及海上灾害防治法》第 41 条、1970 年《关于处理和清理废弃物品法》第 19 条都明确规定环境保护行政机关应当有权依法代执行环境废弃物清理、河川污染治理、海洋大气污染防治等。②

（三）强制代履行在我国生态环境领域实施的困境及纾解

行政代履行在我国建立时间已经不短，但是在生态环境领域使用较少，在北大法宝上检索到近 5 年的生态环境领域行政代履行的案件数量十分有限，由高院审理的只有 23 件，中院审理的只有 103 件，基层人民法院审理的也只有 120 余件，相比每年查处的生态环境破坏的执法案件数量，数量十分少。国家在生态损害赔偿制度改革方案以及环境民事公益诉讼的司法解释中重点强调生态修复以及排除妨碍等民事责任，也从侧面反映出

---

① 德国《循环经济和废物清理法》规定环境监管行政部门可以通过借助其他相关专业第三人（其中例如行业协会）的力量，来直接协助企业完成各类工业废物的清除以及相关管理任务，义务人只需及时地依规定缴纳各类废物清除代履行的相关费用。

② 唐绍均、蒋云飞：《环境行政代履行制度：优势、困境与完善》，《中州学刊》2016 年第 1 期，第 86 页。

行政代履行在生态环境领域运行效果并不佳。至少有以下几个可能的困境。

1. 立法授权的参差

如前文所述，我们国家对行政强制里的代履行不仅仅有一般的法律规范，还在部分的单行法律中对清理污染物和修复生态、防止生态恶化规定了代履行的义务。但也由此产生了对立法理解的分歧。

在《行政强制法》中代履行的启动条件是行政相对人不履行排除妨碍、恢复原状的义务，产生污染环境、损害生态的后果，经催告仍然不履行。该条文可以理解为行政机关对不履行上述义务的行为，进行自己的专业判断，如果已经或者将来可能造成当地自然环境污染等其他严重后果，就可以直接依法决定实施代履行。"排除妨碍，恢复原状"所对应的义务种类具体在生态环境领域非常丰富。单看这一条，似乎可以认为立法进行了概括的授权。

但是在同一部单行的环境法律内仅在部分条文规定了代履行，而对其他的行为没有规定代履行；以及只在部分环境污染、破坏自然资源的法律内规定了代履行，似可以理解为立法者仅对特定法律中的特定行为的代履行进行了授权。

这种立法上的参差产生了以下两种结果：一是个别行政机关在实践中为了有效避免日后可能发生的行政违法，而对未在具体的单行法中明确授权却发现有严重危害生态环境的情形不实施行政代履行，从而不能及时有效地救济环境生态的损害[1]；二是不符合代履行的条件，个别行政机关以代履行为抗辩理由掩盖自己的行政强制行为不符合法定程序或者行政主体自己没有强制执行权的实情。[2] 导致第一个问题的主要原因是对法条理解

---

[1] 付士成、郭婧滢：《行政代履行执行体系的建构——以生态环境治理领域为例》，《政法学刊》2020年第3期，第10页。

[2] 付士成、郭婧滢：《行政代履行执行体系的建构——以生态环境治理领域为例》，《政法学刊》2020年第3期，第8页。

的差异，对于其他的环境污染，如噪声污染，虽然立法没有特别授权，但如果认为《行政强制法》中代履行制度进行了一般授权，行政机关应当可以代为履行治理噪声的义务。在法律条文的理解上，行政机关应当不局限于具体授权，在环境领域积极行使行政权。

导致第二个问题的根本原因主要在于《行政强制法》对代履行的法律规范过于原则化不够具体，对可能造成生态破坏的行为到底到什么样的程度就启动代履行不甚明朗，此外还有即时代履行中何为需要立即清除。一旦起诉到法院，行政机关必须举证证明为何符合代履行的条件。为了规范行政机关的行为，应当制定相关的裁量基准，避免个别行政机关在没有执行权或者执行行为不合程序规范时向代履行逃逸。

2. 代履行费用的追偿

困扰行政代履行的另一个问题在于代履行费用，代履行之前必须有评估，鉴定的费用以及高额的履行费用，一般会由行政机关垫付，再向义务人追偿，这使个别行政机关对代履行的启动没有动力。在直接委托第三人负责实施行政代履行的过程中，行政机关和第三人之间是直接委托关系，第三人和其他行政相对人之间没有直接关系，因此，代履行的相关费用也可能需要委托的行政机关负责垫付。

由于代履行在实践中部分因费用过高而较少应用，对费用的追偿有两种途径。一种做法就是预先缴纳，即代履行实施之前由行政机关预算代履行费用，责令义务人预先缴存，代履行完成后再根据实际履行情况多退少补。比较法上也不乏这样的制度设计，奥地利、西班牙即采用预先缴纳制。① 预先缴存可以保障第三人及时、足额获得代履行费用，从而大大增强第三人主动参与行政代履行的积极性。另一种是事后追偿。代履行之

----

① 奥地利 1925 年《行政强制执行法通则》第 4 条第（2）款明确规定"得先令缴纳费用，随后补行计算"；西班牙 1958 年《行政程序法》第 106 条第（4）款明确规定，"代执行费用于代执行前征收，于最后决算之"。

后，行政主体应当责令义务人按期缴纳实际支出费用。日本即采用此种方式。[1] 这种管理方式灵活简单，避免二次费用收缴，但是有可能影响到第三人的利益。相较之下，如果有完善的代履行监管体系，预先进行缴存的处理方式确实可以有效保障第三人的合法利益，并且有一定的激励作用，这样就能解决制约代履行良好运行的瓶颈问题。

但我国还未建成完善的代履行监管体系，预先追缴费用难以获得信赖。在修复企业未选定、修复方案未确定的情况下由行政机关预估费用不仅可能技术上达不到，也会遭到义务人的抵制。因此，我们国家现在主要采取事后追偿，主要通过以下五种方式：环境行政主体提起民事私益诉讼，社会组织或者人民检察机关提起民事公益诉讼，检察机关提起刑事附带民事公益诉讼，有权主体提起生态损害赔偿诉讼以及向人民法院申请强制执行。[2]

而多数特殊情况下，当赔偿义务人不明、义务人拒绝或者义务人无力承担修复费用时，只能由公共资金提供保障。美国《超级基金法》通过建立基金的方式，确保场地污染治理的公共资金支持。该基金的主要资金来源包括政府税收，联邦政府财政的各项常规拨款，对责任人或者公司追回的赔偿费用，基金定期利息，对不愿承担历史场地污染治理责任的企业、个人及其他公司的常规罚款以及其他投资收益等。[3] 为了给代履行的行政机关和第三人免去后顾之忧，笔者认为可以借鉴这种建立基金的方式，来保障第三人的利益，事后的追偿再填补基金中垫付的部分，在我们国家现在的观念和制度下是一种可行的途径。

---

[1] 日本 1948 年《行政代执行法》第 5 条明确规定："对于代执行所收的费用，应以文书命令义务人按照实际支出的费用及规定的日期缴纳。"

[2] 唐绍均、康慧强：《论环境行政代履行费用追偿的淆乱与矫正》，《重庆大学学报》（社会科学版），第 5 页。

[3] 贾峰等：《美国超级基金法研究：历史遗留污染问题的美国解决之道》，中国环境出版社 2015 年版，第 145 页。

3. 代履行中的政府监管

行政代履行作为一种第三人参与治理环境的制度必须有比较完善的监管措施，不仅要保障行政相对人的利益不被侵害，也要充分保障公共利益。但是目前我们国家《行政强制法》规定的监管措施可以适用的范围是短期的代履行，而且规定十分简单。① 此外，在环境类单行法中只有实体法的规范，对如何监管也是只字未提。生态环境的污染清理，修复往往是多阶段、长期、需要专业技术的过程，目前的法律规定很难全部涵盖。

第一，需要对修复、清理的效果监管。生态修复要针对不同的污染场地的特点、类型，提出采取的修复技术、修复方案，需要达成的修复标准，以及修复完成之后修复方案完成情况，修复结果的评估，这些都需要监管，行政机关在监管过程中要分阶段及时向公众公布这些内容，接受公众监督。此外还要避免在履行过程中出现二次污染的情况。

第二，需要对修复费用的价格监管。首先，依前文所述，在生态修复的代履行上第三人比行政机关更有优势。现在选定第三人一般通过招投标等方式，而第三人实施代履行时应该有一定的盈利空间，否则很难找到合适的生态修复企业。但是修复的价格应该有所规范，毕竟是行政机关委托第三人，为实现生态修复这一公共利益而为，而且要保障行政相对人的利益。此价格应该包括第三人实际支出费用的市场价和政府指导确定的利润空间构成，此价格也需要公示，接受监督，行政相对人也可以寻求救济。

第三，需要对修复费用的使用监管。当义务人不能确定，或者义务人不自愿履行、无力负担履行费用时，代履行的费用从哪里出？是否规定需要依法实施代履的行政执法机关动用公共资金用于先行合理垫付？这些用于先行垫付的公共资金平常由谁负责监管？相关监管工作流程如何？怎样

---

① 《行政强制法》中规定的代履行的监管措施为："代履行时，做出决定的行政机关应当派员到场监督代履行完毕，行政机关到场监督的工作人员、代履行人和当事人或者见证人应当在执行文书上签名或者盖章。"

才能有效确保公共资金的高效合理利用？这些均需依照法律相关规范的授权以及明确的监管程序规定，只有资金使用规范，才能提高代履行制度的适用频次①，才能使该制度真正发挥力量。

三、环境按日连续处罚

为了使我国法律规范运行中破坏环境的违法成本大于违法收益，对污染环境、破坏生态的行为形成法律威慑，使其自觉履行法律义务，我国环境保护相关的法律规范不仅通过不断修法提高罚款的基数，提高了罚款上限，近些年的环境污染相关法律的罚款有的甚至达到了 500 万元，而且，我国环境保护领域的基本法《环境保护法》还增加了按日连续处罚的规定。② 该制度不仅仅有增加违法成本的效果，还有迫使企事业单位改正其违法行为、履行环境保护义务的功能。原环境保护部为实施该制度颁布了《环境保护主管部门实施按日连续处罚办法》（以下简称《办法》），对按日连续处罚的实施程序、适用范围、计罚方式做了具体规定。该制度自地方试点后上升到国家立法，对环境违法的行为达到了良好的威慑效果，根据学者的研究，经按日连续处罚后未再违法的概率达85%，有的地方甚至达到95%。③ 之后地方立法中也广泛规定了此制度，有学者2017 年进行研究时在环境相关的地方立法中找到49 例规定了按日连续处罚，而笔者在本书写作过程中查找资料时已能查到138 例。但大量运用该制度的同时，相关问题也逐渐涌现出来。按日连续处罚作为一项行之有效的行政管理措

---

① 李义松、周雪莹：《我国环境行政代履行制度检视》，《学海》2021 年第 1 期，第 145 页。

② 《环境保护法》第五十九条规定："企业事业单位和其他生产经营者违法排放污染物，受到罚款处罚，被责令改正，拒不改正的，依法做出处罚决定的行政机关可以自责令改正之日的次日起，按照原罚款的处罚数额按日连续处罚。"

③ 王灿发：《新〈环境保护法〉实施效果评估报告》，中国政法大学出版社2016 年版，第 219 页。

施，其出现是以实用主义为导向的，该制度刚开始也是直接借鉴的域外立法的内容。首先，引起争议的是该制度背后的法理为何，争议最多的是按日连续处罚的性质。其次，有对地方立法中无限制地扩张该制度适用的范围的质疑，以及对罚款基数确定的内容考量因素不足的质疑。

（一）按日连续处罚性质的学说争议

正如上文所述，按日连续处罚的制度是域外移植的结果，学者对其性质进行了学理上的争论，认为只有明确其性质才能按照法理完善配套的程序以及措施，才能在法律框架下适应我国现实情况，保护行政相对人的合法权益。对此性质的争议主要有秩序罚和执行罚以及二者混合的三种学说。

1. 秩序罚说

秩序罚的学说认为按日连续处罚包含两部分：第一部分对违法行为的罚款是行政处罚，是对其违反环境法律规范保护的环境法律秩序的惩罚；第二部分对不予改正的行为，是对企事业单位在责令改正的时间内不予改正的违反法律秩序的处罚。学者从制度设计上找到了支持此观点的理由。根据《环境保护法》第五十九的规定，地方性法规可以根据环境保护的实际需要增加按日连续处罚的违法行为种类。此款规定在我国立法上就已经完全排除按日连续处罚是行政强制执行的可能，因为按照《行政强制法》执行罚作为行政强制执行的措施只有相关法律才能明确设定，这是《行政强制法》的重要原则。那么《环境保护法》授权地方性法规对按日连续处罚的违法行为的种类做规定，符合行政处罚设定基本原则。

但这种学说面临的质疑是该制度与《行政处罚法》中一事不再罚的原则冲突，该原则是指对同一违法行为不得给予两次以上罚款的行政处罚。而按照一般认定同一违法行为的理论，首次罚款之前和之后的违法排污行为无疑是两个违法行为，前一排污行为因为行政处罚的介入而中断，在接受了罚款的行政处罚之后又有违法行为，自然应该是新的行政违法行为。

但是后面的按日连续处罚的期限内，行为人基于同一故意，持续不断违法排污的行为，按照一般的违法行为的认定应该是同一违法行为，而按照数个违法行为，给每一天的违法行为都予以行政处罚。此认定违法行为数量的方式与我国现有行政处罚方式相违。支持此理论的学者认为应当进行法律拟制，将每一天的违法行为都拟制为一个新的违法行为，而且此制度为借鉴美国的按日计罚而来，美国法律规定每天的违法行为都是一个新的违法行为，而且明确其性质就是行政处罚的罚款。①

2. 执行罚说

执行罚学说认为从环保法立法的条文表述来说，按日连续处罚的启动是因为行为主体受到罚款的行政处罚，又被责令改正违法行为，后拒不改正。而且根据《办法》的有关规定，按日连续处罚的期间就是环保机关做出责令改正的行政命令的次日起计算至环保机关复查发现存在违法排放污染物之日。再次进行复查仍拒不改正的，计罚日数累计执行。该制度的设计就是为了迫使企事业单位改正其违法排污的行为，处理好违法排污的后果。因此，从立法目的来说是执行罚。

从具体操作的层面上来说，按日连续处罚每一天的处罚数额都是相同的，这不同于行政处罚，如果视每日的处罚都为行政处罚，那么就需要每日进行证据收集、调查，送达处罚决定书，随着企事业单位的逐渐改正，所处罚款的内容应该有所变动，而该制度设计是每日处罚的款额相同。并且原环境保护部在对广东省环境保护厅《关于按日连续处罚计罚日数问题的请示》（粤环报〔2015〕88 号）的复函中明确答复：排污者在按日连续处罚期间的排污状况和生产状况不影响计罚持续时间的计算。此规定可以理解为按日连续罚是行政机关为了迫使企事业改正其违法行为的措施，不因违法情节变动而变动。

---

① 胡红玲：《环境保护按日计罚制度适用反思与完善——以美国环境保护按日连续处罚制度为借鉴》，《政治与法律》2018 年第 8 期，第 151 页。

3. 双重性质罚

该观点认为按日连续处罚既有迫使行为人履行行政义务，又有处罚在此期间行为人的违法行为和结果的作用，因此，它既可以是执行罚，又可以是秩序罚。但是有学者从对行政相对人救济的角度提出，现有法律制度框架下没有对此种认为具有双重性质的行政行为进行协调的救济方式，因此不可取。①

本章认同按日连续处罚有迫使企事业单位改正的执行罚的性质，但主要是从具体制度适用在实践中的问题反思该制度，因此认为基于既有法律规范，秩序罚的观点更加契合。也有学者对此问题做了文义上的充分解释，认为从相关法条的文义及体系上可以认为，《环境保护法》中第五十九条的条款规定的罚款应仅指行政罚款。② 笔者认同该作者根据上下条文对此条做出的解释。文义解释是法律解释的最基本的方法，从这个角度解释也是较为有说服力的。

（二）按日连续处罚的适用范围可考虑有限地扩张

1. 立法对适用范围的细化与扩张

按日连续处罚是对企事业单位施加了比较重的义务，尤其是在罚款基数本身就比较大的情况下，每天都按照首次处罚的款额计罚，累积叠加的数额会对企事业单位造成非常大的经济压力。《环境保护法》第五十九条只对违法排放污染物做了授权，而后续的《办法》将此违法排污行为细化为：①超标排污；②逃避监管排污；③排放法律、法规规定禁止排放的污染物；④违法倾倒危险废物；⑤其他违法排放污染物的行为。该条授权地方性法规可以增加违法行为的种类。地方性法规的立法主体包含省级人大

---

① 鄢德奎、陈德敏：《〈环境保护法〉按日计罚制度适用问题研究——基于立法与执法视角》，《北京理工大学学报》2016年第6期，第149页。
② 杜殿虎：《按日计罚性质再审视——以法解释学为解释视角》，《南京工业大学学报》2018年第5期，第33页。

及其常委会，以及设区的市级的人大及其常委会，在我国辽阔的幅员和众多的行政管理区域内，这些立法主体的数量非常多。《环境保护法》如此广泛的立法授权使该制度适用的范围无限制地扩大，如《宁波市大气污染防治条例》中此制度可能适用的范围是企业生产经营者一旦发生排污管道废气泄漏不及时予以检测并进行修复，还有其他地方性法规对此做了扩张。① 此处罚范围已经远远超出了违法排污解释的最大范围。

2. 适用范围可考虑有限地扩张

对此，有观点认为，按日连续处罚的适用范围就是要扩大，扩大到各个种类的违法行为，只有这样才不违反公平的原则。而且根据此理论，按日连续处罚给企事业单位施加了如此重的义务，如果只是局限于违法排污，那么对其他的环境污染、生态破坏的行为，如故意毁坏森林资源，对未批先建等行为不扩张适用按日连续处罚会出现处罚的不公。② 并且根据威慑的理论，大范围的对违法行为的惩处比小范围的严厉处罚更具有威慑的效果。如果只有违法排污的行为适用按日连续处罚，就可能为权力寻租留下空间，使本该适用按日连续处罚的情况被认定为其他违法行为。

而事实上，由于此制度处罚力度非常大，更符合现在我们国家加大环境污染生态破坏行为惩治力度的形势，各个省市对多种违法行为都通过地方立法规定了按日连续处罚。但事实上，例如，环境信息的公开不到位，可以由公民去申请公开，或者行政机关内部查处，或者以提起行政诉讼等方式解决。

反对以上观点的学者认为地方立法应当对此适用范围进行扩张，但是

---

① 例如，《河北省环境保护公众参与条例（2020 年修正）》中此制度的适用范围是重点排污企业未依条例及时公开企业相关环保信息。《黑龙江省大气污染防治条例》（2017）将环境信息公开、未经审批先建、未严格按规定记录日期及保存环境监测数据、未按要求使用监测设备等违法行为也全部纳入了按日计罚的适用范围。

② 杜群：《环境保护法按日计罚制度再审视——以地方性法规为视角》，《现代法学》2018 年第 11 期，第 179 页。

不能扩张出"违法排污"的情形。因为将按日连续处罚定性为行政处罚，那么就要求接受《行政处罚法》中"下位法只能在上位法规定的范围内进行具体化规定，不能超出上位法规定"的适用范围的限制。①

对此，笔者认为尽管在学理上可以争论按日连续处罚在性质上更加偏向于行政处罚还是行政强制执行，但《环境保护法》的授权并未建立在清晰的理论之上，多是为了实用，而如果依照行政处罚的理论严格解释，则会将立法授权的内容完全限制在违法排污，这应该不是立法者"可以根据环境保护的实际需要"的本意。但是笔者亦认为不应当因为此制度的处罚力度强就无限制地扩张该制度的适用范围。该扩张的范围至少应该可以与违法排污的社会危害做同类解释，才能起到威慑效果。如果轻度的违法行为也适用重的处罚，会导致"罪刑不相适应"，起不到良好的社会效果。

（三）罚款基数的确定应参照裁量基准

《环境保护法》第五十九条规定了罚款基数的确定方式。② 有观点认为这个按日连续处罚中的罚款基数考虑的因素不全，这些裁量因素明显没有体现制裁性，罚款内容只包含消极利益与积极利益，但是还应该考虑损害的严重程度以及违法者的主观恶意、违法史、支付罚款能力、诚信度和是否合作等因素，并对确定的处罚予以执行，还有复查的时间。③ 还有学者认为违法所得等内容因为难以计算，行政机关一般不会遵从此裁量规范。

笔者认为按日连续处罚的罚款基数只是普通的行政罚款，所需裁量的因素自然不止上述法条规定的内容。随着各地的环境行政处罚裁量基准的

---

① 杜群：《环境保护法按日计罚制度再审视——以地方性法规为视角》，《现代法学》2018 年第 11 期，第 182 页。

② 《环境保护法》第五十九条规定："前款规定的罚款处罚，依照有关法律法规按照防治污染设施的运行成本、违法行为造成的直接损失或者违法所得等因素确定的规定执行。"

③ 胡红玲：《环境保护按日计罚制度适用反思与完善——以美国环境保护按日连续处罚制度为借鉴》，《政治与法律》2018 年第 8 期，第 158 页。

出台，基础性的行政罚款主要参照此裁量基准即可。经多地实践，以及理论的完善，环境行政处罚的裁量基准已经可以将各个需要考虑的因素以量化的方式放入具体的公式计算，得出基本符合公平原则的罚款额度。如2020年后新修订的《河南省生态环境行政处罚裁量基准适用规则》第五条就规定裁量基准的设定采用环境违法行为情节影响因素法，根据环境违法的具体主观方面、违法行为事实、危害处理后果等因素在环境违法行为中所占据的权重确立裁量基准。此规定的内容已经包含损害的严重程度以及违法者的主观恶意，而且环境行政处罚的裁量基准中从轻、从重的规定中就包含着违法史，以及行为人主动履行的程度。在环境行政处罚裁量基准逐渐完善的当下，环保法的规定可以认为是提示性规范，不应施以立法缺陷的苛责。

至于行为人的支付能力本就一般不在行政处罚的考虑之列，因为如果因为行为人支付能力的不同而给予不同的行政处罚，本身就是对处罚公平原则的违反。一些学者近期提出了为了充分实现行政处罚的执法威慑功能，处罚时还需要充分考虑处罚适用的对象、执法关系和制度环境。由于不同企业的行政违法原因和行政违法类型千差万别，因此我们应当对不同企业的行政违法行为进行类型化分析和量化跟踪，以分析各种威慑型执法发挥功能的巨大空间。[1] 只有这样，才能让行政相对人体会到行政处罚的正当性，认同处罚的理由，积极地改正自己的违法行为。

（四）按日连续处罚的单日罚款数额需符合比例原则

按日连续处罚的罚款额度在实践中出现了畸轻畸重的现象，本章主要探讨罚款额度畸重的情形。根据《环境保护法》的规定，每日的计罚的数额与原处罚数额相同。在我国环境法律规范逐渐完善的条件下，一个环境违法行为的处罚额度就可能达到上百万元，如果以此数额为每日的处罚数

---

[1]　何香柏：《我国威慑型环境执法困境的破解——基于观念和机制的分析》，《法商研究》2016年第4期，第33－34页。

额，实在过于高昂。正如有学者指出，一国违法行为人承担的经济责任应该与其的经济发展水平相适应。如果这个罚款的数额过高，会实质上损害社会的发展。美国的按日连续处罚制度中规定的每日罚款的最高额度为25000 美元，也是有此考虑。

笔者认为按日连续处罚虽有强制执行的性质，但从法律规范的角度看应该是行政处罚，因此在监测技术逐渐完善的今天，应在程序上基于科学技术监测的排污数据视整改情况决定每日的处罚额度。在无法实时监测的情形下，也应该按照复查期间复查结果相对于责令改正的标准完成状况决定按日处罚的数额。因为还有行政机关做出责令改正的决定之后，企事业单位进行了认真的整改，但是囿于自己的资金、技术等在整改期间没有完全达到行政机关的整改标准的情形，如果此情形还是给予行政相对人与原处罚数额相同的罚款，达不到积极鼓励行政相对人整改的目标，就陷入了为处罚而处罚的泥沼之中，不能实现行政处罚的预防功能，也不能很好地维护公共利益和社会秩序。

而且有学者认为对这种前重后轻的情况都处以与原处罚数额相同的罚款有违比例原则。根据该学者的初步研究，《南京市环境保护部门对排污者超标准排放污染物实施按日计罚的意见》明确规定了三种可以不予以按日计罚的特殊情形。但是其他地方的法律规范中明确不予按日连续处罚的很少。该学者分析后认为在违法者的改正行为已经取得显著处理成效的情形下可以不予按日连续处罚，同时将该已经有显著减轻成效的违法排污行为视为新的违法行为进行处罚。[1] 笔者认为这样也不失为良策。因为这种情况下行为人已经在积极地改进，并且有了显著减轻的成果，再用迫使其履行义务的按日连续处罚达不到目的，并且加重行为人的负担，可能会打击其继续积极改进的积极性。另一种建议是在立法上取消按照原处罚数额

---

① 严厚福：《"比例原则"视野下我国环境执法按日连续处罚制度的完善》，《中国环境管理》2021 年第 1 期，第 145 页。

进行按日连续处罚的规定，用裁量基准规范改正到一定程度的按日处罚的数额，以期符合比例原则。

（五）按日连续处罚适用条件的完善

按日连续处罚适用的前提条件有三个：一是行为人受到罚款的行政处罚，二是行为人被处以责令改正的行政命令，三是行为人拒不改正自己的违法行为。

首先，受到罚款处罚要做出具体的行政决定，并送达给行政相对人，也就是说，需完整地做出此项行政决定，方可考虑启动按日连续处罚。但是对环境污染、生态破坏的事实认定有时可以当场认定，有时需要比较长的调查取证的时间，如果在发现环境违法行为到罚款的行政决定送达给行政相对人花费时间较长，则在此期间行为人对环境损害难以救济。实践中此期间经常持续 20 余天，而且我国的环境行政违法行为的法律责任有90% 都已规定了罚款。① 因此，笔者建议排除受到罚款处罚为按日连续处罚启动的条件，在行政机关有证据证明企事业单位已经有环境违法行为就可以给出复查期，如复查期满未达到改正的标准即启动按日连续处罚。

其次，"拒不执行"在《办法》中有明确规定。② 第一项"复查发现仍在继续违法排放污染物的"是客观结果，但没有考虑"复查发现继续违法排放污染物，但是有所改正"的情形，没有给"改正后的程度"这一因素留下可供行政机关裁量的空间，正如前文所述，按日连续处罚的数额应该将改正的程度加入考量因素。此外，也应该将企事业单位履行的意愿、履行的能力等因素加入裁量因素。

最后，按日连续处罚不应该没有上限，在《办法》中规定了 30 天的最

---

① 陈德敏、鄢德奎：《我国"按日计罚"制度裁处程序的规范路径》，《生态与经济》 2016 年第 2 期，第 206 页。
② 《环境行政处罚办法》规定，拒不执行是指责令改正违法行为决定书送达后，环境保护主管部门复查发现仍在继续违法排放污染物的；拒绝、阻挠环境保护主管部门实施复查的。

高查验期。但是 2017 年修改《办法》的征求意见稿里取消了 30 天的最高查验期。我们应当认识到如果按日连续处罚无法达到遏制企事业单位的违法行为的效果，就应该转由其他有直接效果的行政管理措施，如责令关闭等。

四、生态环境损害救济途径之衔接

生态环境损害内涵不仅包括单纯的因环境污染、生态破坏给人的身体和财产造成经济损害，也指向了生态环境的非经济功能，主要是指对生态要素的破坏以及对这些要素构成的生态系统的破坏。① 习近平总书记指出：要建立健全生态产品价值实现机制，让保护修复生态环境获得合理回报，让破坏生态环境付出相应代价。② 我国建立了多种制度，多途径并举，推动生态环境的修复工作，主要包括行政手段和司法手段。不仅有传统的行政执法的措施，还有近年来试点建立的环境民事公益诉讼、生态环境损害赔偿诉讼。这些途径的主要目标都相似，即努力修复已经受损的生态环境，使其恢复生态功能，并使已经受损无法修复的生态环境的生态系统功能价值得到赔偿。但是多个途径并存意味着要有合理的衔接方式，否则会浪费资源，也会导致生态损害不能得到有效修复和救济。本节主要论述生态环境损害救济途径之间如何衔接。现有的学说主要聚焦在环境民事公益诉讼和生态环境损害赔偿诉讼之间的顺位与衔接，但是缺乏对加入行政执法手段后三者之间的衔接讨论。

（一）现有规范中救济途径及顺序衔接

1. 行政执法措施

《宪法》第二十六条规定国家保护和改善生活环境和生态环境，防治

---

① 中共中央办公厅，国务院办公厅印发《生态环境损害赔偿制度改革方案》（中办发〔2015〕57 号）。

② 《习近平主持十九届中共中央政治局第二十九次集体学习》，学习强国，https://www.xuexi.cn/lgpage/detail/index.html? id = 18042834304382085361& item_id = 18042834304382085361。

污染和其他公害。对此，不仅应该有立法措施，还应该有执法机关的行政措施。各单行的环境治理的法律授权行政机关对污染环境的防治、生态环境的保护负责。具体的执法措施，包括如行政命令中的责令治理污染等①，以及行政处罚、行政强制执行等其他行政行为。同时，建立了以司法审判促使行政机关履行职责的制度即行政公益诉讼。

2. 环境民事公益诉讼

在建立司法诉讼救济制度方面，为了有效解决我国原有环境侵权责任赔偿体系下仅限于注重公民人身权和其他私有财产权的保护而忽略损害生态环境行为造就的"公地悲剧"，《环境保护法》以及《民事诉讼法》分别确立了对严重污染生态环境等严重损害社会整体公共利益的侵害行为，法律规定的行政机关和其他有关社会组织以及各级人民检察院可以向人民法院申请提起环境民事公益诉讼的制度。在理论依据上，有学者认为诉讼法上法定的诉讼担当理论可以提供合理解释。②《民事诉讼法》第五十五条授权的法律规定的机关和有关组织以及检察机关，虽然不是生态环境的直接权利人，但是作为利益不直接相关的第三人，担当了对生态环境损害提起诉讼的权利。实体法上的理论依据则以环境权为主要讨论的方向，但是环境权理论并不成熟。因此，《最高人民法院关于审理环境民事公益诉讼案件适用法律若干问题的解释》（以下简称《环境民事公益诉讼解释》）主要也是从程序以及责任形式方面完善该制度。

在《民法典》出台之后，有观点认为第一千二百三十四条和第一千二百三十五条是环境民事公益诉讼的实体法依据。但在笔者看来《民法典》的规定并不是环境民事公益诉讼的全部的实体法依据。首先，这两个条文

---

① 谭冰霖：《环境行政处罚规制功能之补强》，《法学研究》2018 年第 4 期，第 156 页。作者认为这些责令恢复原状的行为可以被认为是行政处罚，因为行政处罚不仅仅是制裁措施，还应该有预防和恢复的功能。

② 程多威、王灿发：《生态环境损害赔偿制度的体系定位与完善路径》，《国家行政学院学报》2016 年第 5 期，第 82 页。

位于《民法典》"侵权责任"编，根据第一千二百三十五条责任的承担方式，可以确定的是《民法典》的规定不仅是传统的侵权责任中对环境损害相关的人身及财产损害的确认。因为赔偿的内容包括修复期间服务功能的损失以及永久性损害造成的损失①，这明显的就是对造成生态环境损害所涉的重大公共利益的赔偿救济。其次，该条文只规定造成生态环境损害的情况，这契合了传统民法体系下侵权责任中损失赔偿的原则。但危害预防原则是环境法上的重要原则，在有重大风险的时候，环境民事公益诉讼就应该启动，要求行为人停止侵害，排除妨害。《环境民事公益诉讼解释》也做出了同样的规定。② 这体现的是环境法所确立的危害预防原则。所以环境民事公益诉讼的实体法依据是《民法典》和《环境保护法》。

《民法典》中该条款的责任构成要件是"违反国家规定""造成生态环境损害"，区别于普通的环境侵权部分中的严格责任，但《民法典》中该特殊条文其实是过错责任。这意味着《民法典》的该特殊规定中救济的只是部分损害生态环境的行为。

3. 生态环境损害赔偿诉讼

关于生态环境损害赔偿诉讼，早在 2015 年中央就已经在提出鼓励该制度的试点。2017 年《中共中央办公厅国务院办公厅印发〈生态环境损害赔偿制度改革方案〉》以及《最高人民法院关于审理生态环境损害赔偿案件的若干规定（试行）》（以下简称《若干规定》）正式确立了该制度，主要目的在于进一步明确生态环境损害赔偿范围、索赔主体等，逐步建立完善的环境损害的修复和赔偿制度。

有学者认为上述《民法典》的规定也是该制度的实体法依据。因为按照《若干规定》，该诉讼的提起主体是省级、地市级人民政府等行政主体。

---

① 参见《民法典》第一千二百三十五条。
② 《环境民事公益诉讼解释》第一条规定：环境民事公益诉讼是针对已经损害社会公共利益、具有损害社会公共利益重大风险的污染环境、破坏生态的行为。

而且这些主体可以被解释进《民法典》第一千二百三十四条"国家规定的机关"。同时，《若干规定》第十一条规定的责任要件也是"违反法律法规污染环境、破坏生态的"。单从赔偿权利人和责任构成要件来看，生态环境损害赔偿是完全依据《民法典》做出的，行政机关提起的损害赔偿诉讼是环境民事诉讼。

在理论依据上，有学者认为行政机关提起该民事诉讼是依据《宪法》中国家对自然资源享有所有权，所以由权利人提起诉讼是合适的。但是反对的观点认为首先国家所有制在法理上很难转化为所有权，再采用私法所有权侵权责任的方式行使。其次，宪法和法律规定的是自然资源归国家所有，但是没有说环境利益的归属问题，因此以所有权的理论为依据是不全面的。① 但《宪法》中的规定国家所有的条款具有对抗任何组织和个人恣意使用、保护和合理利用所有对象的规范功能。如果认为行使执法权的行政机关有行使《宪法》规定的"采取措施保障对自然资源的合理利用，保护和改善生活环境和生态环境"的义务，行政机关提起损害赔偿诉讼就有其正当性。

4. 现有救济途径衔接

行政执法措施和环境民事公益诉讼的衔接在《环境民事公益诉讼解释》中有规定。② 司法解释认为在完全启动公益诉讼的实质审查之前，应当先由负有环境资源保护监督管理职责的部门行使自己的行政执法权，但是对告知行政机关之后的处理措施的规定有所欠缺。如告知之后需要等待行政机关行使行政执法权的时间是多久，行政执法权达到什么程度原告才可以再次启动诉讼，再次启动民事公益诉讼的条件是什么。

行政执法措施和生态环境损害赔偿诉讼的衔接在我国的法律规范和司

---

① 林潇潇：《论生态环境损害治理的法律制度选择》，《当代法学》2019 年第 3 期，第 135 页。
② 《环境民事公益诉讼解释》规定：人民法院受理环境民事公益诉讼后，应当在十日内告知对被告行为负有环境资源保护监督管理职责的部门。

法解释中都没有明确规定。尤其是《若干规定》还规定了原告可以提出修复生态环境并且请求修复费用的诉讼请求。这与行政执法措施中，行政机关要求污染环境的个人或者企业履行停止污染、修复环境的义务，在行政相对人不履行以上义务时可以委托第三方或者由行政机关自己代履行并向行政相对人收取相关费用的制度内容有大部分的重复，这就引发了对二者适用范围以及如何衔接的思考。

环境民事公益诉讼与生态环境损害赔偿诉讼的衔接在《若干规定》中予以规定，后者较前者有优先的效力。同时，在一种诉讼终结后若还有未发现的损害，才可以启动另一种诉讼。

（二）行政执法措施与司法程序之间的衔接

行政执法措施和生态环境损害赔偿诉讼都是行政机关作为主体维护生态环境，正如笔者前文所说，生态环境损害赔偿制度的适用范围包含了前者的适用范围。而前者是行政权力的行使，要符合职权法定的基本原则，一旦法律有规定则必须行使。后者是司法程序，具有被动性。实践中就会出现个别行政机关为了逃避自己的管理职责而向法院提起损害赔偿诉讼，听任法院判决而不积极履行职责。

1. 行政执法措施较司法审判在环境修复中有优势

生态环境遭到破坏之后，最重要的是进行及时有效的修复，笔者认为在此方面，行政权有着天然的优势。第一，行政权有及时的特征。在出现损害生态环境的行为后，职能相关的行政机关能及时处理。在行为人的行为违反国家有关规定时，行政机关能及时做出行政命令、行政处罚的行政行为，责令行为人停止违法行为，避免损失扩大，清除污染物，进行生态修复。而且如果可以认为行政强制法对行政机关的代履行权进行了概括授权，行为人不履行行政行为赋予他的义务，那么行政机关完全可以代履行，由行为人承担费用。在行为人的行为可能并不违反法律规定，或者出现了紧急状况，行政机关也可以通过即时代履行做到及时有效地控制污染或者损失的扩大。第二，行政机关有专业性，在修复目标的制定、修复技术的采用、修复结果的评估、修复过程的监督方面都能运用自己的专业设备和人员，监督行为人完成实施，表现出较高的执行力。"补救"强调的是将已经受损的环境破坏的状态尽可能地恢复到基线条件。该过程涵盖了损害的发现上报、评估及补救的方案的制订和执行，对行政机关的履职有较高的要求。这极大地克服了现有的各类损害赔偿诉讼中环境损害的责任承担止于支付赔偿金的倾向。[①] 第三，实践经验表明，环境信息在确定环境基线条件、评估环境损害等补救的关键环节上发挥着重要作用。现实情况是，行政机关在履行自己的环境监察职责过程中必须收集大量的信息来分析判断可能的违法行为，比如，全国范围内的 PM2.5 空气浓度监测，收集信息其实成了行政机关的基础性行政职责，只有有完善的信息基础，才能合法合理地执行法律法规。行政机关不仅能及时全面地收集信息，也有能力补充、更新、分析数据，这样的信息优势是其他主体所不具备的，他们并不承担社会大范围的公共服务职能。

而在处理生态环境修复过程中，司法审判有自己的局限。尽管《若干规定》中规定行政机关可以通过司法渠道请求修复环境，但在已有的案例中，司法机关仍就专业问题寻求行政机关的协助。[②] 这足见司法机关的审查能力受制于专业知识。此外，损害治理的迫切性要求处理部门具有主动性和高效性，而相较于"效率"，司法审判更追求"公平"；司法机关擅长适用法律解决议案件，并做出公正裁判，但众所周知，人民法院执行的判决内容主要都是民事领域金钱判项，在应对周期绵长、流程复杂的环境修复的判决执行工作方面则余力不足。而若想用司法解决环境破坏的问题，

---

① 林潇潇：《论生态环境损害治理的法律制度选择》，《当代法学》2019 年第 3 期，第 133 页。

② 参见：〔2017〕苏 12 民初 51 号判决书。江苏省人民政府诉安徽海德化工科技有限公司生态环境损害赔偿案。

环境修复的执行恰恰是实现环境损害治理目标关键的一步。① 而且行政权有主动连续不断管理生态环境、维护法律秩序的特点，司法权有被动性，更适宜在个案中维护公共利益。

2. 行政权行使的空缺之处

尽管行政权相较于司法权在环境修复中有自己得天独厚的优势，但是环境行政执法也有自己的不足。首先，行政命令、行政处罚以及代履行等单方的行政行为主要是针对可以修复的生态环境损害。依据《若干规定》，环境生态损害有可以完全修复、不能完全修复、完全不能修复三种。对于后两种，单方面的行政行为不能完全使环境损害得到修复，也不能补偿损害发生到修复完成之间的服务性功能损失和永久性生态功能损失。此外，正如学者指出，生态环境功能性损失的补偿费用并不是行政机关单方面可以决定的，需要双方经磋商，甚至在诉讼过程中通过司法审判决定。这样才能更好地保障行政相对人的利益。②

这就是说，在履行环境修复的责任过程中，行政权比司法权更加高效、专业、及时。损害补救的行政执法已经完全涵盖环境损害治理的全过程。但是在赔偿生态环境功能性损失及赔偿数额的确定方面，需要司法机关介入，在双方参与下，对损失的数额认定等做出公正的法律方面的判决。③

（三）生态环境损害赔偿诉讼与环境民事公益诉讼的衔接

《民事诉讼法》第五十五条规定的民事公益诉讼提起的主体是法律规定的机关和有关组织，一般认为该法条所指的"法律规定的机关"仅仅是

---

① 林潇潇：《论生态环境损害治理的法律制度选择》，《当代法学》2019 年第 3 期，第 131 页。

② 徐以祥：《论生态环境损害的行政命令救济》，《政治与法律》2019 年第 9 期，第 89 页。

③ 徐以祥：《论生态环境损害的行政命令救济》，《政治与法律》2019 年第 9 期，第 89 页。

指检察机关，因为此前我国的诉讼体系中鲜有行政机关作为原告在民事诉讼中起诉公民或者法人的案例。但改革方案以及《若干规定》出台后，部分行政机关就有机会被解释进民事公益诉讼的原告资格中。此外，有学者指出，这两种诉讼都能被涵盖在"公益诉讼"的范围之内。因为生态环境损害赔偿诉讼所要保护的是生态环境利益，这种利益也是归全民共同享有的，因此契合环境民事公益诉讼的基本特征。而且在该诉讼中行政主体也是以与赔偿义务人一样平等的地位行使权利，从法益保护的角度来看，生态环境损害赔偿诉讼是一种特殊的环境民事公益诉讼。此外从损害类型角度分析，生态环境的损害也可以被包含进民事公益诉讼的"污染环境等损害社会公共利益的行为造成的损害"。因此，生态环境损害赔偿的原告诉权来自《民事诉讼法》第五十五条授权。[1]

尽管有诸多学者的观点认为生态环境损害赔偿制度属于民事诉讼的一个特殊种类，或者本身就是环境民事公益诉讼[2]，但笔者认为民事公益诉讼，或者民事诉讼只是公权力在用私法的方式辅助实现自己的职能。由此而言，生态环境损害赔偿诉讼就是行政机关行使行政权的一种方式，并非行政机关可以放弃的私权利。[3]

根据《若干规定》，生态环境损害赔偿诉讼优先于环境民事公益诉讼。环境民事公益诉讼提起主体中，社会组织优于检察机关。所以检察机关处于兜底提起诉讼的地位。这样规定的根源也在于由行政机关提起的损害赔偿诉讼相较于民事公益诉讼，更能体现出行政机关的专业优势，而且诉讼的提出本身就要依靠行政机关的日常检测数据等信息，行政机关更加便

---

[1] 潘牧天：《生态环境损害赔偿诉讼与环境民事公益诉讼的诉权冲突与有效衔接》，《法学论坛》2020年第6期，第136页。

[2] 程多威、王灿发：《生态环境损害赔偿制度的体系定位与完善路径》，《国家行政学院学报期刊》2016年第5期，第83页。

[3] 吕梦醒：《生态环境损害多元救济机制之衔接研究》，《比较法研究》2021年第1期，第136页。

利。此外，对于诉讼请求的提出方面，行政机关可以对后续的修复方案的执行和监督做出比较专业的请求，以期得到法院的认可，这样比其他主体提出的诉讼请求更加能保障得到有效执行，也可以提高诉讼的效率。笔者认为行政机关真正能大量提起的赔偿诉讼是针对环境生态功能性损失，这些损失的评估要依照鉴定、技术评估的导则等，这需要拥有专业技术的机关，环保组织和检察机关在这些方面其实没有综合优势。

在此基础之上，笔者认为行政机关提起赔偿诉讼其实是在履行自己保护生态环境的义务，若行政机关没有提起或者没有正确履行自己职责提起赔偿诉讼，检察机关应当以行政公益诉讼的方式监督，然后以环境民事公益诉讼作为补充的诉讼提起方式。此方式不仅有利于有效地通过检察建议以及行政公益诉讼，解决行政机关执法中的疏漏错误之处以及提起损害赔偿的问题，而且在一些行为人行为不构成违法的情况下，环保组织和检察机关也可以通过民事公益诉讼向污染者提起损害赔偿之诉。①

（四）三种救济途径的衔接

在一般可以修复以及可以部分修复，或者采取其他替代性修复的生态环境遭到破坏的情况下，行政机关直接通过行政命令、行政处罚，并辅以行政强制执行进行环境修复，这些行政权行使方式比行政机关提起生态环境损害赔偿诉讼中修复环境的诉讼请求更加及时、专业，并且能长时间行使。尽管《若干规定》中诉讼请求中也包含修复以及修复费用，但笔者认为还是应该以行政权的行使为主导。

生态修复期间的服务功能性损失和永久性功能损失需要通过诉讼的方式请求，因为这涉及对污染者权益的保护，生态功能的损失产生的费用要经过评估计算，不能由行政机关单方面决定。在提起诉讼的基础性理论方面，国家行政机关依据宪法和法律拥有保护生态环境的义务。从提起的必

---

① 吕梦醒：《生态环境损害多元救济机制之衔接研究》，《比较法研究》2021 年第 1 期，第 138 页。

要性方面来讲，行政机关有信息优势，在一并提出生态修复的方案和赔偿的诉讼中，行政机关在制订修复环境的方案方面有专业优势。因此，这种延伸的行政权的行使方式优先于环保的社会组织和检察机关提起的民事公益诉讼。在行政机关未提起损害赔偿诉讼、非重大的环境损害赔偿案件中，以及没有产生具体损害的案件中，环境民事公益诉讼可以作为重要补充。此外，如行政机关不能及时准确地提起损害赔偿之诉，检察机关应通过行政公益诉讼予以监督。

附录

环境行政治理主要法律规范目录

法律目录

1. 《中华人民共和国固体废物污染环境防治法》（2004.12.29）最新修订　实施日期：2020.09.01

2. 《中华人民共和国环境噪声污染防治法》（1996.10.29）最新修正　实施日期：2018.12.29

3. 《中华人民共和国环境影响评价法》（2002.10.28）最新修正　实施日期：2018.12.29

4. 《中华人民共和国环境保护税法》（2016.12.25）最新修正　实施日期：2018.10.26

5. 《中华人民共和国海洋环境保护法》（1982.08.23）最新修正　实施日期：2017.11.05

6. 《中华人民共和国环境保护法》（1989.12.26）最新修订　实施日期：2015.01.01

7. 《中华人民共和国大气污染防治法》（1987.09.05）最新修订　实施日期：2018.10.26

8. 《中华人民共和国土壤污染防治法》实施日期：2019.01.01

9. 《中华人民共和国水污染防治法》（1984.05.11）最新修正　实施日期：2018.01.01

10. 《中华人民共和国防沙治沙法》（2001.08.31）最新修正　实施日期：2018.10.26

11. 《中华人民共和国森林法》（1984.09.20）最新修正　实施日期：2019.12.28

12. 《中华人民共和国野生动物保护法》（1988.11.08）最新修订　实施日期：2018.10.26

13. 《中华人民共和国草原法》（1985.06.18）最新修正　实施日期：2021.04.29

14. 《中华人民共和国耕地占用税法》实施日期：2019.09.01

15. 《中华人民共和国资源税法》实施日期：2020.09.01

16. 《中华人民共和国核安全法》实施日期：2018.01.01

17. 《中华人民共和国土地管理法》（1986.06.25）最新修正　实施日期：2020.01.01

18. 《中华人民共和国长江保护法》实施日期：2021.03.01

19. 《中华人民共和国节约能源法》（2018年修正）实施日期：2018.10.26

行政法规目录

1. 《全国污染源普查条例》（2007.10.09）最新修订　实施日期：2019.03.02

2. 《防治海洋工程建设项目污染损害海洋环境管理条例》（2006.09.19）最新修订　实施日期：2018.03.19

3. 《中华人民共和国防治海岸工程建设项目污染损害海洋环境管理条例》（1990.06.25）最新修订　实施日期：2018.03.19

4. 《防治船舶污染海洋环境管理条例》（2009.09.09）最新修订　实施日期：2018.03.19

5. 《防止拆船污染环境管理条例》（1988.05.18）最新修订　实施日

期：2017.03.01

6.《畜禽规模养殖污染防治条例》实施日期：2014.01.01

7.《民用核安全设备监督管理条例》（2007.07.11）最新修订 实施日期：2019.03.02

8.《放射性同位素与射线装置安全和防护条例》（2005.09.14）最新修订 实施日期：2019.03.02

9.《中华人民共和国自然保护区条例》（1994.10.09）最新修订 实施日期：2017.10.07

10.《中华人民共和国森林法实施条例》（2000.01.29）最新修订 实施日期：2018.03.19

11.《建设项目环境保护管理条例》（1998.11.29）最新修订 实施日期：2017.07.16

12.《中华人民共和国环境保护税法实施条例》实施日期：2018.01.01

13.《中华人民共和国土地管理法实施条例》（1991.01.04）最新修订 实施日期：2021.09.01

14.《废弃电器电子产品回收处理管理条例》（2009.02.25）最新修订 实施日期：2019.03.02

15.《消耗臭氧层物质管理条例》（2010.04.08）最新修订 实施日期：2018.03.19

16.《城镇排水与污水处理条例》实施日期：2014.01.01

17.《中华人民共和国海洋倾废管理条例》（2017年修订）实施日期：2017.03.01

18.《危险废物经营许可证管理办法》（2016年修订）实施日期：2016.02.06

19.《中华人民共和国陆生野生动物保护实施条例》（2016年修订）实施日期：2016.02.06

省市级地方性法规目录

1.《北京市水污染防治条例》（2010.11.19）修正实施日期：2021.09.24

2.《河南省大气污染防治条例》（2017.12.01）修正实施日期：2021.07.30

3.《吉林省危险废物污染环境防治条例》（2005.09.14）修订实施日期：2021.07.30

4.《福建省水污染防治条例》实施日期：2021.11.01

5.《广西壮族自治区土壤污染防治条例》实施日期：2021.09.01

6.《河南省土壤污染防治条例》实施日期：2021.10.01

7.《安徽省实施〈中华人民共和国固体废物污染环境防治法〉办法》（1998.10.12）修订实施日期：2021.09.01

8.《重庆市大气污染防治条例》（2017.03.29）修正实施日期：2021.05.27

9.《甘肃省土壤污染防治条例》实施日期：2021.05.01

10.《山西省固体废物污染环境防治条例》实施日期：2021.05.01

11.《贵州省固体废物污染环境防治条例》实施日期：2021.05.01

12.《甘肃省辐射污染防治条例》（2015.01.01）修订实施日期：2021.01.01

13.《甘肃省水污染防治条例》实施日期：2021.01.01

14.《浙江省水污染防治条例》（2008.09.19）修正实施日期：2020.11.27

15.《浙江省大气污染防治条例》（2003.06.27）修正实施日期：2020.11.27

16.《浙江省机动车排气污染防治条例》（2013.11.22）修正实施日

期：2020.11.27

    17.《江苏省水污染防治条例》实施日期：2021.05.01

    18.《山东省水污染防治条例》修正实施日期：2020.11.27

    19.《内蒙古自治区土壤污染防治条例》实施日期：2021.01.01

    20.《江西省土壤污染防治条例》实施日期：2021.01.01

    21.《广东省机动车排气污染防治条例（2000.05.26）修正实施日期：2020.09.29

    22.《重庆市水污染防治条例》实施日期：2020.10.01

    23.《湖南省实施〈中华人民共和国固体废物污染环境防治法〉办法》修正实施日期：2020.07.30

    24.《河北省辐射污染防治条例》修正实施日期：2020.07.30

    25.《河北省人民代表大会常务委员会关于加强船舶大气污染防治的若干规定》实施日期：2020.10.01

    26.《青海省湟水流域水污染防治条例》（1992.12.11）修正实施日期：2020.07.22

    27.《河北省机动车和非道路移动机械排放污染防治条例》实施日期：2020.05.01

    28.《宁夏回族自治区水污染防治条例》实施日期：2020.03.01

    29.《巢湖流域水污染防治条例》（2019年修订）实施日期：2020.03.01

    30.《天津市土壤污染防治条例》实施日期：2020.01.01

    31.《湖北省土壤污染防治条例》（2019年修正）实施日期：2019.11.29

    32.《湖北省水污染防治条例》（2019年修正）实施日期：2019.11.29

    33.《山西省土壤污染防治条例》实施日期：2020.01.01

    34.《山东省土壤污染防治条例》实施日期：2020.01.01

    35.《内蒙古自治区乌海市及周边地区大气污染防治条例》实施日期：2020.01.01

36.《内蒙古自治区水污染防治条例》实施日期：2020.01.01

37.《青海省大气污染防治条例》（2020年修正）（2018.11.28）实施日期：2020.07.22

38.《湖南省大气污染防治条例》（2020年修正）实施日期：2020.06.12

39.《陕西省汉江丹江流域水污染防治条例》（2020年修正）实施日期：2020.06.11

40.《北京市危险废物污染环境防治条例》实施日期：2020.09.01

41.《湖南省实施〈中华人民共和国土壤污染防治法〉办法》实施日期：2020.07.01

42.《辽宁省大气污染防治条例》（2020年修正）实施日期：2020.03.30

43.《辽宁省机动车污染防治条例》（2020年修正）实施日期：2020.03.30

44.《天津市机动车和非道路移动机械排放污染防治条例》实施日期：2020.05.01

45.《广西壮族自治区水污染防治条例》实施日期：2020.05.01

46.《北京市机动车和非道路移动机械排放污染防治条例》实施日期：2020.05.01

47.《山西省水污染防治条例》实施日期：2019.10.01

48.《陕西省大气污染防治条例》（2019年修正）实施日期：2019.07.31

49.《陕西省固体废物污染环境防治条例》（2019年修正）实施日期：2019.07.31

50.《陕西省放射性污染防治条例》（2019年修正）实施日期：2019.07.31

51.《河南省水污染防治条例》（2019年修正）实施日期：2019.10.01

52.《江苏省机动车排气污染防治条例》（2019年）实施日期：2019.05.01

53.《宁夏回族自治区大气污染防治条例》（2019 年修正）实施日期：2019.03.26

54.《宁夏回族自治区污染物排放管理条例》（2019 年修正）实施日期：2019.03.26

55.《黑龙江省大气污染防治条例》（2018 年修正）实施日期：2018.12.27

56.《海南省大气污染防治条例》实施日期：2019.03.01

57.《西藏自治区大气污染防治条例》实施日期：2019.03.01

58.《上海市大气污染防治条例》（2018 年修正）实施日期：2019.01.01

59.《贵州省大气污染防治条例》（2018 年修正）实施日期：2018.12.18

60.《贵州省水污染防治条例》（2018 年修正）实施日期：2018.12.18

61.《四川省〈中华人民共和国大气污染防治法〉实施办法》（2018 年修订）实施日期：2019.01.01

62.《内蒙古自治区大气污染防治条例》实施日期：2019.03.01

63.《新疆维吾尔自治区大气污染防治条例》实施日期：2019.01.01

64.《山西省大气污染防治条例》（2018 年修订）实施日期：2019.01.01

65.《山东省大气污染防治条例》（2018 年修正）实施日期：2018.11.30

66.《吉林省松花江流域水污染防治条例》（2018 年修改）实施日期：2018.11.30

67.《甘肃省大气污染防治条例》实施日期：2019.01.01

68.《广东省实施〈中华人民共和国土壤污染防治法〉办法》实施日期：2019.03.01

69.《广东省大气污染防治条例》实施日期：2019.03.01

70.《广东省固体废物污染环境防治条例》（2018 年修订）实施日期：2019.03.01

71.《广东省实施〈中华人民共和国环境噪声污染防治法〉办法》

（2018 年修正）实施日期：2018.11.29

72. 《云南省大气污染防治条例》实施日期：2019.01.01

73. 《辽宁省水污染防治条例》实施日期：2019.02.01

74. 《广西壮族自治区大气污染防治条例》实施日期：2019.01.01

75. 《安徽省淮河流域水污染防治条例》（2018 年修订）实施日期：2019.01.01

76. 《福建省大气污染防治条例》实施日期：2019.01.01

77. 《江苏省内河水域船舶污染防治条例》（2018 年修正）实施日期：2018.11.23

78. 《江苏省大气污染防治条例》（2018 年第二次修正）实施日期：2018.11.23

79. 《湖北省大气污染防治条例》（2018 年修订）实施日期：2019.06.01

80. 《河南省固体废物污染环境防治条例》（2018 年修正）实施日期：2018.09.30

81. 《山西省汾河流域水污染防治条例》（2018 年修正）实施日期：2018.09.30

82. 《山西省减少污染物排放条例》（2018 年修正）实施日期：2018.09.30

83. 《安徽省大气污染防治条例》（2018 年修正）实施日期：2018.11.01

84. 《河南省减少污染物排放条例》（2018 年修正）实施日期：2018.09.30

85. 《四川省固体废物污染环境防治条例》（2018 年修正）实施日期：2018.07.26

86. 《河北省水污染防治条例》（2018 年修订）实施日期：2018.09.01

87. 《黑龙江省辐射污染防治条例》（2018 年修正）实施日期：2018.04.26

88.《黑龙江省松花江流域水污染防治条例》（2018 年修正）实施日期：2018.04.26

89.《北京市大气污染防治条例》（2018 年修正）实施日期：2018.03.30

90.《江苏省辐射污染防治条例》（2018 年修正）实施日期：2018.05.01

91.《江苏省通榆河水污染防治条例》（2018 年修正）实施日期：2018.05.01

92.《江苏省固体废物污染环境防治条例》（2018 年修正）实施日期：2018.05.01

93.《江苏省环境噪声污染防治条例》（2018 年修正）实施日期：2018.05.01

94.《江苏省长江水污染防治条例》（2018 年修正）实施日期：2018.05.01

95.《江苏省太湖水污染防治条例》（2018 年修正）实施日期：2018.05.01

96.《山东省环境噪声污染防治条例》（2018 年修正）实施日期：2018.01.23

97.《山东省南水北调工程沿线区域水污染防治条例》（2018 年修正）实施日期：2018.01.23

98.《山东省机动车排气污染防治条例》（2018 年修正）实施日期：2018.01.23

99.《山东省实施〈中华人民共和国固体废物污染环境防治法〉办法》（2018 年修正）实施日期：2018.01.23

100.《海南省水污染防治条例》实施日期：2018.01.01

101.《贵州省环境噪声污染防治条例》实施日期：2018.01.01

102.《浙江省固体废物污染环境防治条例》（2017 年修正）实施日期：2017.09.30

103.《吉林省大气污染防治条例》实施日期：2016.07.01

104.《四川省辐射污染防治条例》实施日期：2016.06.01

105.《海南省机动车排气污染防治规定》实施日期：2016.02.01

106.《河北省大气污染防治条例》（2016年）实施日期：2016.03.01

107.《河北省固体废物污染环境防治条例》实施日期：2015.06.01

108.《山东省辐射污染防治条例》实施日期：2014.05.01

109.《天津市节约用水条例》（2021年修正）实施日期：2021.07.30

110.《江西省湖泊保护条例》（2021年修正）实施日期：2021.07.28

111.《湖南省洞庭湖保护条例》实施日期：2021.09.01

112.《内蒙古自治区呼伦湖国家级自然保护区条例》（2021年修正）实施日期：2021.05.27

113.《内蒙古自治区大青山国家级自然保护区条例》（2021年修正）实施日期：2021.05.27

114.《北京市生态涵养区生态保护和绿色发展条例》实施日期：2021.06.05

115.《湖南省湿地保护条例》（2021年修正）实施日期：2021.03.31

116.《白洋淀生态环境治理和保护条例》实施日期：2021.04.01

117.《海南省生态保护补偿条例》实施日期：2021.01.01

118.《浙江省曹娥江流域水环境保护条例》（2020年修正）实施日期：2020.11.27

119.《广东省湿地保护条例》（2020年修订）实施日期：2021.01.01

120.《泰山风景名胜区保护管理条例》（2020年修正）实施日期：2020.11.27

121.《吉林省生态环境保护条例》实施日期：2021.01.01

122.《新疆维吾尔自治区湿地保护条例》（2020年修正）实施日期：2020.09.19

123.《新疆维吾尔自治区天山自然遗产地保护条例》（2020 年修正）实施日期：2020. 09. 19

124.《河北省环境保护公众参与条例》（2020 年修正）实施日期：2020. 07. 30

125.《天津市海洋环境保护条例》（2020 年修正）实施日期：2020. 07. 29

126.《广西壮族自治区钟乳石资源保护条例》（2020 年修正）实施日期：2020. 03. 27

127.《甘肃省石油勘探开发生态环境保护条例》（2019 年修订）实施日期：2020. 01. 01

128.《湖北省农业生态环境保护条例》（2019 年修正）实施日期：2019. 11. 29

129.《广东省环境保护条例》（2019 年修正）实施日期：2019. 11. 29

130.《云南省阳宗海保护条例》（2019 年）实施日期：2020. 01. 01

131.《湖南省环境保护条例》（2019 年修订）实施日期：2020. 01. 01

132.《陕西省煤炭石油天然气开发生态环境保护条例》（2019 年修订）实施日期：2019. 12. 01

133.《陕西省秦岭生态环境保护条例》（2019 年修订）实施日期：2019. 12. 01

134.《辽宁省石油勘探开发环境保护条例》（2019 年修正）实施日期：2019. 09. 27

135.《重庆市湿地保护条例》实施日期：2019. 12. 01

136.《甘肃省环境保护条例》（2019 年）实施日期：2020. 01. 01

137.《吉林省辽河流域水环境保护条例》实施日期：2019. 09. 01

138.《吉林长白山国家级自然保护区条例》实施日期：2019. 10. 01

139.《山东省长岛海洋生态保护条例》实施日期：2019. 10. 01

140.《北京市湿地保护条例》（2019 年修正）实施日期：2019.07.26

141.《北京市河湖保护管理条例》（2019 年修正）实施日期：2019.07.26

142.《广西壮族自治区环境保护条例》（2019 年修正）实施日期：2019. 07.25

143.《云南省程海保护条例》（2019 年）实施日期：2019.10.01

144.《宁夏回族自治区河湖管理保护条例》实施日期：2019.09.01

145.《贵州省生态环境保护条例》实施日期：2019.08.01

146.《四川省沱江流域水环境保护条例》实施日期：2019.09.01

147.《湖南省长株潭城市群生态绿心地区保护条例》（2019 年修正）实施日期：2019.03.28

148.《宁夏回族自治区环境保护条例》（2019 年修正）实施日期：2019. 03.26

149.《天津市生态环境保护条例》实施日期：2019.03.01

150.《上海市环境保护条例》（2018 年修正）实施日期：2019.01.01

151.《贵州省夜郎湖水资源环境保护条例》（2018 年修正）实施日期：2018.12.18

152.《内蒙古自治区环境保护条例》（2018 年修正）实施日期：2018. 12.06

153.《内蒙古自治区湿地保护条例》（2018 年修正）实施日期：2018. 12.06

154.《海南省自然保护区条例》（2018 年修正）实施日期：2018.12.01

155.《山东省海洋环境保护条例》（2018 年修正）实施日期：2018.11.30

156.《山东省环境保护条例》（2018 年修订）实施日期：2019.01.01

157.《吉林伊通火山群国家级自然保护区管理条例》（2018 年修改）实施日期：2018.11.30

158.《吉林向海国家级自然保护区管理条例》（2018 年修改）实施日

期：2018.11.30

159.《广东省实施〈中华人民共和国海洋环境保护法〉办法》（2018年修正）实施日期：2018.11.29

160.《宁夏回族自治区湿地保护条例》（2018年修订）实施日期：2019.01.01

161.《宁夏回族自治区生态保护红线管理条例》实施日期：2019.01.01

162.《云南省自然保护区管理条例》（2018年修正）实施日期：2018.11.29

163.《云南省滇池保护条例》（2018年修正）实施日期：2018.11.29

164.《云南省杞麓湖保护条例》（2018年修订）实施日期：2019.03.01

165.《江苏省湖泊保护条例》（2018年修正）实施日期：2018.11.23

166.《西藏自治区环境保护条例》（2018年修订）实施日期：2018.12.01

167.《河南省地质环境保护条例》（2018年修正）实施日期：2018.09.30

168.《河南省建设项目环境保护条例》（2018年修正）实施日期：2018.09.30

169.《广西壮族自治区红树林资源保护条例》实施日期：2018.12.01

170.《广西壮族自治区海洋环境保护条例》（2018年修正）实施日期：2018.09.30

171.《四川省自然保护区管理条例》（2018年修正）实施日期：2018.09.30

172.《甘肃省自然保护区条例》（2018年修订）实施日期：2019.01.01

173.《新疆维吾尔自治区环境保护条例》（2018年修正）实施日期：2018.09.21

174.《新疆维吾尔自治区野生植物保护条例》（2018年修正）实施日

期：2018.09.21

175.《新疆维吾尔自治区煤炭石油天然气开发环境保护条例》（2018年修正）实施日期：2018.09.21

176.《新疆维吾尔自治区自然保护区管理条例》（2018年修正）实施日期：2018.09.21

177.《重庆市环境保护条例》（2018年修正）实施日期：2018.07.26

178.《黑龙江省湿地保护条例》（2018年修正）实施日期：2018.06.28

179.《黑龙江挠力河国家级自然保护区管理条例》（2018年第二次修正）实施日期：2018.06.28

180.《黑龙江省农业环境保护管理条例》（2018年第二次修正）实施日期：2018.06.28

181.《云南省昭通大山包黑颈鹤国家级自然保护区条例》（2018年修正）实施日期：2018.05.30

182.《海南省湿地保护条例》实施日期：2018.07.01

183.《黑龙江省呼中国家级自然保护区管理条例》（2018年修正）实施日期：2018.04.26

184.《黑龙江丰林国家级自然保护区管理条例》（2018年修正）实施日期：2018.04.26

185.《黑龙江南瓮河国家级自然保护区保护条例》（2018年修正）实施日期：2018.04.26

186.《黑龙江牡丹峰国家级自然保护区管理条例》（2018年修正）实施日期：2018.04.26

187.《黑龙江双河国家级自然保护区管理条例》（2018年修正）实施日期：2018.04.26

188.《黑龙江省环境保护条例》（2018年修正）实施日期：2018.04.26

189.《黑龙江省五大连池世界地质公园保护条例》（2018年修正）实

施日期：2018.04.26

190.《黑龙江省石油天然气勘探开发环境保护条例》（2018年修正）实施日期：2018.04.26

191.《安徽省湿地保护条例》（2018年修正）实施日期：2018.04.02

192.《福建省农业生态环境保护条例》（2018年修正）实施日期：2018.03.31

193.《辽宁省地质环境保护条例》（2018年修正）实施日期：2018.03.27

194.《山东省湖泊保护条例》（2018年修正）实施日期：2018.01.23

195.《甘肃祁连山国家级自然保护区管理条例》（2017年修订）实施日期：2017.11.30

196.《海南省环境保护条例》（2017年第二次修正）实施日期：2018.01.01

197.《浙江省南麂列岛国家级海洋自然保护区管理条例》（2017年修改）实施日期：2017.11.30

198.《海南省海洋环境保护规定修正案（二）》（2017年）实施日期：2017.11.30

199.《安徽省环境保护条例》（2017年修订）实施日期：2018.01.01

200.《海南省松涛水库生态环境保护规定》（2017年修正）实施日期：2018.01.01

201.《海南省万泉河流域生态环境保护规定》（2017年修正）实施日期：2018.01.01

202.《吉林省湿地保护条例》（2017年修改）实施日期：2017.09.29

203.《海南省南渡江生态环境保护规定》（2017年修正）实施日期：2018.01.01

204.《四川省环境保护条例》（2017年修订）实施日期：2018.01.01

205.《吉林省自然保护区条例》（2017 年修改）实施日期：2017.03.24

206.《山西省汾河流域生态修复与保护条例》实施日期：2017.03.01

207.《山西省环境保护条例》（2016 年修订）实施日期：2017.03.01

208.《广西壮族自治区农业环境保护条例》（2016 年修正）实施日期：2016.11.30

209.《江苏省湿地保护条例》实施日期：2017.01.01

210.《广西壮族自治区无居民海岛保护条例》实施日期：2017.02.01

211.《云南省抚仙湖保护条例》（2016 年修正）实施日期：2016.09.29

212.《河北省湿地保护条例》实施日期：2017.01.01

213.《甘肃省地质环境保护条例》（2016 年修订）实施日期：2016.10.01

214.《海南省生态保护红线管理规定》实施日期：2016.09.01

215.《福建省海洋环境保护条例》（2016 年修正）实施日期：2016.04.01

216.《海南省海洋环境保护规定修正案》（2016 年）实施日期：2016.03.31

217.《江苏省海洋环境保护条例》（2016 年修正）实施日期：2016.03.30

218.《内蒙古自治区基本草原保护条例》（2016 年修正）实施日期：2016.03.30

219.《贵州省湿地保护条例》实施日期：2016.01.01

220.《河南省湿地保护条例》实施日期：2015.10.01

221.《广西壮族自治区巴马盘阳河流域生态环境保护条例》实施日期：2015.09.01

222.《吉林省林业有害生物防治条例》实施日期：2021.10.01

223.《陕西省林业有害生物防治检疫条例》实施日期：2020.12.01

224. 《湖南省林业有害生物防治检疫条例》（2020 年修正）实施日期：2020.06.12

225. 《福建省林业有害生物防治条例》实施日期：2019.01.01

226. 《云南省生物多样性保护条例》实施日期：2019.01.01

227. 《甘肃省林业有害生物防治条例》（2018 年修订）实施日期：2018.09.01

228. 《辽宁省古生物化石保护条例》（2018 年修正）实施日期：2018.03.27

229. 《安徽省林业有害生物防治条例》实施日期：2018.01.01

230. 《湖北省林业有害生物防治条例》实施日期：2017.02.01

231. 《陕西省实施〈中华人民共和国环境影响评价法〉办法》（2020 年修正）实施日期：2020.06.11

232. 《四川省〈中华人民共和国环境影响评价法〉实施办法》（2019 年修正）实施日期：2019.09.26

233. 《内蒙古自治区实施〈中华人民共和国环境影响评价法〉办法》（2018 年修正）实施日期：2018.12.06

234. 《山东省实施〈中华人民共和国环境影响评价法〉办法》（2018 年第二次修正）实施日期：2018.11.30

235. 《甘肃省实施〈中华人民共和国防沙治沙法〉办法》（2021 年修订）实施日期：2021.10.01

236. 《新疆维吾尔自治区实施〈中华人民共和国防沙治沙法〉办法》（2020 年修正）实施日期：2020.09.19

237. 《陕西省实施〈中华人民共和国防沙治沙法〉办法》（2019 年修正）实施日期：2019.07.31

238. 《宁夏回族自治区防沙治沙条例》（2019 年修正）实施日期：2019.03.26

239.《黑龙江省防沙治沙条例》（2018 年修正）实施日期：2018. 06. 28

240.《内蒙古自治区实施〈中华人民共和国森林法〉办法》（2021 年修正）实施日期：2021. 05. 27

241.《甘肃省实施〈中华人民共和国森林法〉办法》（2021 年修订）实施日期：2021. 05. 01

242.《吉林省森林管理条例》（2019 年修改）实施日期：2019. 05. 30

243.《贵州省森林条例》（2018 年修正）实施日期：2018. 12. 18

244.《浙江省森林管理条例》（2018 年修正）实施日期：2018. 11. 30

245.《云南省森林条例》（2018 年修正）实施日期：2018. 11. 29

246.《广西壮族自治区森林和野生动物类型自然保护区管理条例》（2018 年修正）实施日期：2018. 09. 30

247.《新疆维吾尔自治区实施〈中华人民共和国森林法〉办法》（2018 年修正）实施日期：2018. 09. 21

248.《黑龙江省森林管理条例》（2018 年修正）实施日期：2018. 06. 28

249.《河北省实施〈中华人民共和国森林法〉办法》（2018 年修正）实施日期：2018. 05. 31

250.《福建省森林条例》（2018 年修正）实施日期：2018. 03. 31

251.《青海省实施〈中华人民共和国森林法〉办法》（2018 年修正）实施日期：2018. 03. 30

252.《北京市森林资源保护管理条例》（2018 年修正）实施日期：2018. 03. 30

253.《辽宁省实施〈中华人民共和国森林法〉办法》（2018 年修正）实施日期：2018. 03. 27

254.《山东省森林和野生动物类型自然保护区管理办法》（2018 年修正）实施日期：2018. 01. 23

255.《湖北省森林资源流转条例》（2017 年修正）实施日期：2017.

11. 29

256.《福建省森林和野生动物类型自然保护区管理条例》（2017 年修正）实施日期：2017. 11. 24

257.《安徽省实施〈中华人民共和国森林法〉办法》（2017 年修正）实施日期：2017. 07. 31

258.《江苏省实施〈中华人民共和国森林法〉办法》（2017 年修正）实施日期：2017. 07. 01

259.《广西壮族自治区实施〈中华人民共和国森林法〉办法》（2016 年修正）实施日期：2016. 11. 30

260.《湖北省森林资源流转条例》（2017 年修正）实施日期：2017. 11. 29

261.《福建省森林和野生动物类型自然保护区管理条例》（2017 年修正）实施日期：2017. 11. 24

262.《内蒙古自治区实施〈中华人民共和国野生动物保护法〉办法》（2021 年修正）实施日期：2021. 05. 27

263.《安徽省实施〈中华人民共和国野生动物保护法〉办法》（2020 年修正）实施日期：2020. 08. 03

264.《海南省实施〈中华人民共和国野生动物保护法〉办法》（2020 年修正）实施日期：2020. 08. 15

265.《江苏省野生动物保护条例》（2020 年修正）实施日期：2020. 07. 31

266.《江西省实施〈中华人民共和国野生动物保护法〉办法》（2020 年修正）实施日期：2020. 07. 24

267.《北京市野生动物保护管理条例》实施日期：2020. 06. 01

268.《广东省野生动物保护管理条例》（2020 年修订）实施日期：2020. 05. 01

269. 《山西省实施〈中华人民共和国野生动物保护法〉办法》（2020年修正）实施日期：2020.03.31

270. 《黑龙江省野生动物保护条例》（2019年）实施日期：2020.01.01

271. 《重庆市野生动物保护规定》实施日期：2019.12.01

272. 《甘肃省实施〈中华人民共和国野生动物保护法〉办法》（2018年修订）实施日期：2019.01.01

273. 《湖北省实施〈中华人民共和国野生动物保护法〉办法》（2018年修正）实施日期：2018.11.20

274. 《河南省实施〈中华人民共和国野生动物保护法〉办法》（2018年修正）实施日期：2018.09.30

275. 《河北省陆生野生动物保护条例》（2018年修正）实施日期：2018.05.31

276. 《山东省实施〈中华人民共和国野生动物保护法〉办法》（2018年修正）实施日期：2018.01.23

277. 《天津市野生动物保护条例》（2017年修正）实施日期：2017.11.28

278. 《陕西省实施〈中华人民共和国野生动物保护法〉办法》（2015年修正）实施日期：2015.05.28

279. 《云南省陆生野生动物保护条例》（2014年修正）实施日期：2014.07.27

280. 《辽宁省实施〈中华人民共和国野生动物保护法〉办法》（2014年修正）实施日期：2014.09.25